U0004690

全球經典
101條鐵道路線

鐵道生活編輯部◎著

晨星出版

目次
CONTENTS

前言

　　當您翻開這本《全球經典 101 條鐵道路線》，意味著您即將踏上一場穿越五大洲、43 個國家的鐵道旅程。從懷舊時代的汽笛聲到現代列車的廣播提示音；從窗外看到的風景到每站下車時那份充滿期待的探索，每一條鐵道都蘊藏著一段獨特的故事，每次旅程都充滿了令人意想不到的驚喜。

　　在過去的 200 多年中，鐵道見證了人類歷史的進步，更是深刻地影響了世界的發展。從最初的實驗性建設到橫跨整個國家甚至到跨國跨洲的鐵路網絡；從改變戰爭方式到促進現代化城市的形成，每一次鐵道的進步都呈現了人類對於進步和探索的渴望。

　　本書所挑選出的 101 經典鐵道路線，是以多種因素綜合考量和篩選而來的。首先，挑選的鐵道路線大多具有歷史意義，包括在當地和世界鐵路發展史上的地位和貢獻。再來是，沿線的自然景觀、歷史遺跡以及文化景點等，也是考慮的重要因素。還有，路線的獨特性、與當地人文環境以及旅客體驗也列入考量範圍。最後經過綜合評估和篩選出 101 條最具代表性和特色的鐵道路線。

　　例如：

- 世界最長的路線，跨了 8 個時區的西伯利亞鐵道；世界最短的梵蒂岡鐵路，只有 0.68 公里。
- 極具特色的葡萄牙杜羅河岸葡萄酒風情鐵道和墨西哥的奢華龍舌蘭酒之旅等。
- 世界上最危險的厄瓜多的魔鬼之鼻（陡度極高）和世界上最恐怖火車的英國里維拉線等。
- 從童話世界裡成為真實的火車——美國湯姆士火車和《哈利波特》霍格華茲特快車等。

- 開往北半球拜訪芬蘭聖誕老人的火車和南半球阿根廷高海拔的雲端火車等。
- 戰爭悲劇遺留下的波蘭大屠殺列車和二戰的泰緬鐵路等。
- 每個人一生至少要體驗一次的極致奢華列車（分布世界各地）。
- 具有特殊地理位置的北韓─中國丹東火車和複雜政治因素的中東鐵路。

鐵道旅行，不只是單純從一地到另一地的移動，它是一種穿越時空的冒險，是一次心靈的洗禮。透過鐵道旅行，我們學會了放慢腳步，用心感受著路途上每一個瞬間的美好，並在旅途中不斷探尋與成長。不管是那些鮮為人知的祕境，還是眾所皆知的經典路線，我們都希望透過這本書，將這份對世界的好奇和對生活的熱愛，分享給每一位讀者。

此書也是對那些為我們提供旅行機會的鐵路工作者們的致敬。他們默默地在每個車站、每段路線上，保證旅程的安全與順暢。正是因為有了他們，我們才能有機會體驗這麼多不同的世界。

希望透過《全球經典 101 條鐵道路線》，您能夠感受到那份旅行的激情與期待，並在每次的啟程中，發現屬於自己的故事。讓我們一起，開啟這場跨越世界的鐵道旅行吧！

祝　旅途愉快

鐵道生活編輯部

001 聖誕老人特快車

Santa Claus Express

國家：芬蘭
車站：赫爾辛基（Helsinki）—羅瓦涅米（Rovaniemi）

開往冬季仙境的列車

想像一下，在一座城市上了火車睡一覺，然後在第二天早上醒來，看到高達 21 公尺的松樹被厚厚的白雪覆蓋著，然後又看到馴鹿、極光，還有聖誕老人在聖誕老人村等著你。更神奇的是，你居然身處在神祕的北極圈內。眼前這一切簡直就像打開一份聖誕禮物，裡面充滿了驚喜與感動。

要實現這願望不難，只需搭乘聖誕老人特快車，不到 13 個小時，就能將你帶到拉普蘭區（Lapland）的羅瓦涅米，也就是聖誕老人的故鄉。在這個地方，你可以體驗夏天的太陽數週不落山，冬天的陽光數週不升起的奇景，而且，還可以參訪聖誕老人的家、看極光和探索冬季仙境美景。

聖誕老人特快車從芬蘭南方的赫爾辛基出發，車上配有舒適的車廂，和所有必要的設施，包括空調、電源插座、行李架和免費 Wi-Fi。列車還設有餐車備好美味的食物，當然也可以自備食物。根據自己的需求和預算，你可以選擇座位或者是臥鋪車廂。建議你攜帶背包和隨身輕便行李，不然抵達羅瓦涅米時，拉著有輪子的行李箱在積雪的街道上走，不是很方便。

這特快車有一個特別的服務是，可以攜帶寵物旅行，火車上設有寵物專屬區域，預訂時需提前告知。若你對動物過敏，請選擇避免在寵物的車廂。還有，可以預訂自行車的停車位置。帶上自行車，是前往羅瓦涅米最環保的方式之一。

聖誕老人特快車是孩子們夢寐以求的夢幻旅程，也是大孩子重溫童年夢想的完美選擇，這趟旅程能讓每個人都沉浸在童話奇幻和歡樂的氛圍中，趕快來這裡感受這份純真與喜悅吧！

芬蘭北方羅瓦涅米的聖誕老人村

002 北極圈列車

Arctic Circle Train

> **國家：** 瑞典、挪威
> **車站：** 瑞典的斯德哥爾摩（Stockholm）－基律納（Kiruna）－挪威的納維克（Narvik）

橫跨瑞典至挪威的極地列車

北極圈列車指的是從斯德哥爾摩前往基律納，這段路程需約 15～20 小時。通常遊客會選擇搭夜間列車，在車上睡一覺，白天抵達基律納，這種方式既舒適又有效率，然後再轉乘另一段列車前往納維克。

基律納位於北極圈內，是瑞典北部最大的城市，擁有豐富的鐵礦資源，鎮上的盧基礦業（LKAB）公司是世界上最大的鐵礦商之一，2023 年初他們發現了歐洲已知最大的稀土元素礦床，對瑞典經濟有相當大的貢獻。這裡也是北歐原住民薩米人（Sámi）的文化中心，許多薩米人用半游牧的方式飼養馴鹿以維持生計。近年來，他們在瑞典、挪威和芬蘭有自己的議會，代表有能力維護自己的文化和社會事務。

路線中的阿比斯庫（Abisko），由於位置離大城市較遠，因此是瑞典最乾淨、空氣最新鮮的地方。這裡的夜空非常清晰，幾乎沒有光害，住 3 天有 2 天可看到極光。上空經常形成一片晴朗的區域，即便周邊地區的天氣是陰暗或多雲，當地人稱為阿比斯庫藍洞（Abisko blue hole）。這種特殊氣候現象，提高了在這一地區觀賞到北極光的機率。

納維克位於挪威奧福特峽灣（Ofotfjord）沿岸，是北極圈內最大的港口城市，也是瑞典、芬蘭北部重要的出海口。這裡在第二次世界大戰曾發生過重要的戰役，當地的紀念館記錄了這段歷史。

許多人搭乘北極圈列車的目標就是——極光，列車經過的三個北歐迷人小鎮，都共同擁有這壯觀天象的最佳觀賞席位。這樣的旅程，站站都有自己獨特的風貌和魅力，快來踏上地球上最神祕光影的冒險旅程吧！

Munzir Rosdi / Shutterstock.com

瑞典，從斯德哥爾摩開往
阿比斯庫

基律納是位於瑞典最北部
的一座小鎮，靠近芬蘭和
挪威邊界，適合在此觀賞
極光（Northern Lights）

003 弗洛姆鐵道

Flam Railway（挪威語：*Flåmsbana*）

> **國家**：挪威
> **車站**：弗洛姆（Flåm）—米達爾（Myrdal）

探索挪威峽灣的絕美路線

挪威語「bana」指的是鐵路或軌道，「Flåm」弗洛姆則是一個地名，「Flåmsbana」直譯為「弗洛姆鐵路」，看名字就已指出地理位置。這條鐵路的坡度非常大，從峽灣開始，經過山谷、瀑布，一路向上至山頂。

鐵路的建設始於 1923 年，於 1940 年完成。這條約長 20 公里的鐵路線是世界上最陡峭的鐵道之一，80% 的路程平均在 5.5% 的坡度上運行。沿途共有 20 個隧道，其中 18 個是人工建造的。

這列火車從位於松恩峽灣（Sognefjord）的弗洛姆出發，松恩峽灣是挪威最長、最深的峽灣，許多郵輪和船隻會停靠在弗洛姆，大多遊客以此地做為主要的起點，再轉往松恩峽灣的各個景點。

在這趟短短 1 小時的火車之旅中，你將從海平面上升至海拔 867 尺高的米達爾站。米達爾也是卑爾根線（Bergen Line）的一個重要車站，連接其他主要鐵路網。火車沿著峽灣山脈的壯觀景色蜿蜒前進，沿著崖壁緊鄰工人之路（Rallar Road）行駛，經過湍急的瀑布，穿越一連串的隧道。這段的自然美景非常迷人，對許多乘客來說，2 小時的來回行程不足以盡情欣賞。

特別一提的是，當列車經過尤斯瀑布（Kjosfossen Waterfall）時會停下來，讓旅客下車欣賞長達 225 公尺的水流湍急地從峽谷中急速下降，產生出震耳欲聾的噴濺聲和濃密水霧的壯觀景點。夏季時，有機會欣賞到女性表演者穿著當地民間傳說人物的服裝，在瀑布前表演精彩的舞蹈。

弗洛姆鐵道被國家地理雜誌列為歐洲十大最賞心悅目的火車觀光路線，孤獨星球稱它是全球最不可思議的火車路線。有機會拜訪挪威時，千萬不要錯過這條鐵道線。

歐洲

行駛通過風景如畫的美麗村莊

尤斯瀑布

004 卑爾根線

The Bergen Line（挪威語：*Bergensbanen*）

> **國家**：挪威
> **車站**：奧斯陸（Oslo）—卑爾根（Bergen）

北歐最高的鐵路線

挪威是一個地形多樣的國家，有峽灣、山脈、高原、冰川、湖泊和海岸線等。許多挪威人認為，如果高山或峽灣阻礙了他們前進的道路，那麼就必須克服這些地形困難。因此，他們建造了許多隧道、道路和鐵道路線，這些建設成為了挪威不可或缺的一部分。

其中，卑爾根線就是挪威人自信勇敢的產物，它連接挪威的 2 大城市，穿越了哈達格爾維達國家公園（Hardangervidda National Park），這是北歐最大的高山高原，也是世界上最大的野生馴鹿區之一。這條鐵路全長 371 公里，經過 39 個車站和 182 座隧道，需時約 6～7 小時。其中海拔 1,222 公尺的芬瑟（Finse）車站是路線中的最高點，也是電影《星際大戰五部曲：帝國大反擊》的取景地，所以星際迷不用上外太空，來這裡就有機會「身歷其境」。

卑爾根線的旅程充滿多處亮點：

峽灣：蔚藍色的水域與高聳的懸崖，呈現峽灣的獨特美景。

山脈：被覆蓋著雪的山峰和冰川，是地球上最原始、最壯觀的景象。

瀑布：壯觀的瀑布，為旅程增添了視覺愉悅感。

湖泊：寧靜的湖泊，湖畔點綴著迷人的小木屋。

森林：如松樹、挪威雲杉和樺樹等。

健行路線：挑戰性或是輕鬆散步型，各級別都有。

還有各種戶外活動，如滑雪、釣魚、露營、觀賞野生動物。沿途的住宿選擇豐富多樣，可考慮入住歷史悠久的鐵路酒店或山區小屋。

一位在鐵道服務 30 多年的工作人員表示：「我永遠不會厭倦這個景色，但我更享受的是看到人們欣賞景色後臉上的驚奇表情。」顯現卑爾根線的自然美景魅力，讓人百看不厭。

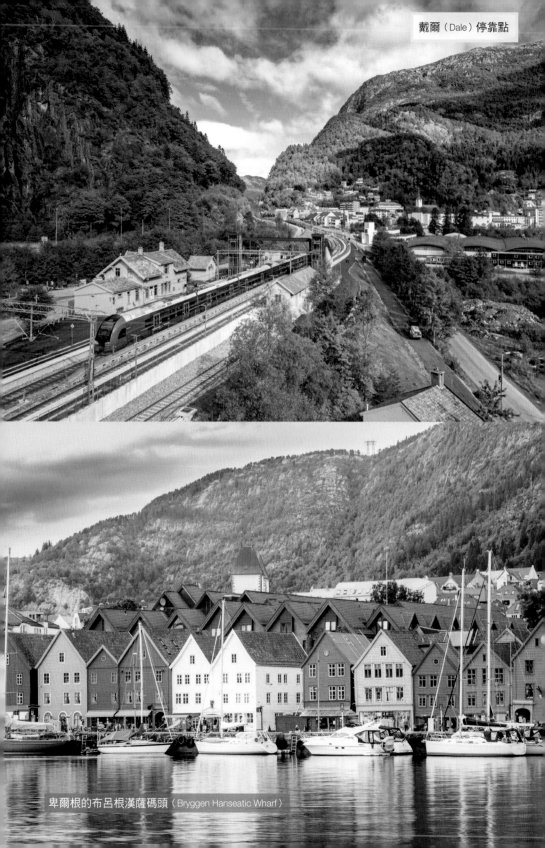

戴爾（Dale）停靠點

卑爾根的布呂根漢薩碼頭（Bryggen Hanseatic Wharf）

005 諾爾蘭鐵路

Nordland Line（Nordlandsbanen）

國家：挪威
車站：特隆赫姆（Trondheim）─北極圈內的博德（Bodø）

穿越北極圈的火車

諾爾蘭鐵路全長約 729 公里，是挪威最長的鐵路線。鐵路的建設自 1905 年起一段一段的開通，到了 1962 年延伸至博德，從而完成了今日我們所見的完整路線。當初建立的目的是連接挪威的南、北部，特別是偏遠的北極圈地區。

鐵路本身充滿著故事，其中一段是第二次世界大戰期間，德國納粹對部分路段進行了控制，運送戰俘至集中營，嚴苛的工作條件和極端的天候導致了許多人傷亡，這是歷史上的一篇黑暗章節。

由於位在北極圈內，在夏季，太陽不落山，搭乘夜間列車，即使到了午夜，太陽依然高掛，照亮整個天空，所以在晚上也不會錯過任何美景。這趟夜間列車在晚上出發，列車配有臥鋪包廂，旅途中能夠享受一夜好眠，隔日清晨抵達目的地。

冬季旅行時，將有機會看到極光，它將天空變成了一個巨大的畫布，以炫目的色彩在地平線上舞動。這一奇景通常在夜間出現，但在挪威北部的冬季，由於夜晚可以持續數月之久，因此在白天旅行，仍享有此體驗。所以，不管你選擇夏季或冬季的行程，都能滿足你對北極圈旅遊的期待。

這段路線連接南、北兩端，是探索挪威壯觀自然景觀的完美選擇。特隆赫姆是挪威的第三大城市，最有名的景點是尼達羅斯大教堂（Nidaros Cathedral）；而博德是挪威北部的重要交通樞紐，是前往神祕北極圈的便利通道，同時也能從這裡乘坐渡輪到羅弗敦群島（Lofoten Islands）。諾爾蘭鐵路串聯了古老的城市、湖泊、峽灣、山景、北極圈、沿海城市，讓你在 12 ～ 14 小時的旅程中，一路上能不間斷地欣賞美景，直到抵達目的地。

BPhoto / Shutterstock.com

歐洲

博德車站

博德港的景色

006 荷恩—梅登布利克蒸汽火車
Hoorn-Medemblik

國家：荷蘭
車站：荷恩（Hoorn）—梅登布利克（Medemblik）

如黑白電影情節般的懷舊之旅

在過去，人們對鐵路旅行的興奮程度，像是現在能夠在第一時間搭最新型飛機一樣。對那個年代的人來說，旅行是一種奢侈，尤其是在鄉下偏遠地區，每天五班車和一兩節車廂，已經足夠應付需求。在道路狀況不佳、汽車未普及時期，鐵路是連接外界、尤其是貨物運輸的主要途徑。

在荷蘭荷恩，有一座知名的蒸氣火車博物館（Steamtram Museum），位於荷恩車站的後方，這個博物館的特色不只是展示古董火車，還收集及重新整修一些廢棄不用的火車，而且盡可能參考史料使之回復原狀。然後精心設計各種復古的火車旅程，將修復好的火車利用該站的舊鐵路線使之運行，讓遊客能夠真實體驗如黑白電影情節般的懷舊之旅！

其中最受歡迎的旅程是從荷恩到梅登布利克，全長 20 公里。沿途可以欣賞到各車站的原貌（經過修復），也可以看到當年是如何利用火車運送包裹和郵件的情景。這段極具特色的鐵路，在 1979 年，英格蘭演員麥可・約克（Michael York）主演的電影《沙丘之謎》（The Riddle of the Sands）曾在這裡取景拍攝。

為什麼人們喜愛搭乘荷恩—梅登布利克蒸汽火車呢？因為在這裡可以享受時光倒流的樂趣。

荷蘭除了典型的風車、運河、鬱金香等景觀外，離首都阿姆斯特丹（Amsterdam）約 45 公里的荷恩，也絕對值得一遊，尤其是搭乘荷恩至梅登布利克的蒸汽火車。一位荷蘭作家、畫家、詩人雅各布凱茨（Jacob Cats，1577—1660），他曾在詩中讚美過荷恩，稱它為「荷蘭的明珠」，這種讚譽反映了當時這座城市的重要性和繁榮。

歐洲

梅登布利克車站

007 加勒多尼臥鋪火車

Caledonian Sleeper

國家：英國
車站：主要起點站是倫敦的尤斯頓車站（London Euston），連接多個目的地

連接英格蘭至蘇格蘭的夜間列車

加勒多尼臥鋪火車是一種獨特的夜間火車服務，連接英格蘭至蘇格蘭，為旅客提供既方便又舒適的旅行體驗。這項服務讓乘客能夠在睡眠中度過長途旅程，當他們醒來時，就已經到達目的地，特別適合商務旅客和希望充分利用時間的旅行者。另外，還提供多種不同類型的車廂，以滿足各種需求。

沿著加勒多尼臥鋪火車的路線，你將有機會欣賞到英格蘭和蘇格蘭之間最迷人的風景和特色景點，包括：

- **愛丁堡（Edinburgh）**：蘇格蘭的首都，以豐富的文化遺產而聞名，每年的愛丁堡藝術節活動，吸引來自世界各地的藝術家、表演者和觀眾前來參加。
- **格拉斯哥（Glasgow）**：建築風格多樣，從維多利亞時代的建築到現代高樓大廈和古老教堂。每年舉辦的各種音樂會和表演，吸引許多音樂家和樂迷們慕名而來。
- **印威內斯（Inverness）**：許多人選擇從這裡前往尼斯湖（Loch Ness），這座湖泊因傳說中的尼斯湖水怪而出名，雖然水怪的存在從未得到科學證實，但一直吸引眾多遊客、研究者和冒險家。
- **亞伯丁（Aberdeen）**：擁有美麗的海濱景觀，許多國際石油公司在這裡設有辦事處和研究創新中心，有「歐洲的能源之都」的稱號。
- **威廉堡（Fort William）**：是戶外活動的熱門點──健行、自行車、攀岩、划船、釣魚和冬季滑雪等。

坐上加勒多尼臥鋪火車，安置好行李後，你就可以放鬆地來杯飲料，看本書，或是閉眼休息一下。待早晨醒來，你就要準備開啟另一段英倫之地的新冒險旅程囉！

歐洲

在蘇格蘭的威廉堡

以傳說中的「尼斯湖水怪」而聞名的尼斯湖

008 史諾頓登山鐵路

Snowdon Mountain Railway

國家：英國
車站：蘭貝里斯（Llanberis）─山頂站（THE Summit & Hafod Eryri）

英國威爾斯的山頂之旅

　　史諾頓國家公園（英語：Snowdon，威爾斯語：Eryri）是威爾斯最大的國家公園，總面積達到 823 平方英里。公園裡有超過 26,000 人居住，超過 50% 以上的人會說威爾斯語。每年有近 400 萬人前來史諾頓國家公園參訪，探索這裡的高山峻嶺和山谷，或是到人跡稀少的步道上尋找內心的平靜，也就是說每位遊客都能在這片土地上找到自己的休閒活動。

　　想要一窺國家公園全景最好的方式是站在山頂上俯瞰，這裡有多條登山步道可走，如蘭貝里斯小徑（Llanberis Path）、礦工步道（Miners' Track）和豬背步道（Pyg Track）等，雖然需要體力和時間，但有機會深入探索山區。

　　如果你不想費力登山，可選擇史諾頓登山鐵路，它會把你從 0 公尺處載到海拔 1,085 公尺的史諾頓山的山頂，無需長途跋涉，即可輕鬆抵達。

　　在山頂，你可以欣賞到：

- **整個史諾頓國家公園**：俯瞰整個公園的廣闊景觀──延綿的山脈、綠色的山谷和清澈的湖泊。
- **威爾斯其他山峰**：在晴朗的天氣及能見度高的情況下，可以看到如格利德勞（Glyderau）和卡爾內道（Carneddau）山脈。
- **愛爾蘭海**：山頂的視野非常廣泛，有時甚至可以看到遠處的愛爾蘭海及對岸的愛爾蘭。
- **附近的湖泊**：在陽光下，格拉斯林湖（Lakes Glaslyn）和利道湖（Llyn Llydaw）的湖面上閃耀著湛藍的色彩。
- **自然生態**：這裡擁有豐富的植物和野生動物，你可能會看到獵隼、草地鷚、烏鴉、山羊、水獺和貂等動、植物。

　　總之，史諾頓山的景色壯觀多變，絕對值得一遊，不過，請注意山區的天氣變化迅速，出發前最好確認天氣狀況，並做好防寒和防雨的準備。

從蘭貝里斯山口（Llanberis Pass）
看到的綿羊和行駛中的火車

009 里維拉線
Riviera Line

國家：英國
車站：艾希特（Exeter）—佩恩頓（Paignton）

世界上最恐怖的火車？

里維拉線是一條沿著英國南德文郡（Devon）海岸的火車路線，沿途停靠多個海濱小鎮，如道利什（Dawlish）和廷茅斯（Teignmouth），每一個站點幾乎都能輕鬆抵達海灘，因此很多人會一次又一次地乘坐，因為它是英國火車迷必遊的口袋名單。

來到道利什，一定要去吃 Gay's Creamery 冰淇淋，這家店的冰淇林使用的是質地濃稠，口感潤滑的英式德文郡傳統凝脂奶油（clotted cream）。吃的時候別忘了拍張照片發到社群，保證讓朋友羨慕得不得了。而來到廷茅斯，你可以探訪附近的生態自然保護區，親近各種野生動植物。搭乘里維拉線，你會發現一些車站只要一走出去，就已經到海洋景區了，所以來這裡不是帶登山靴，而是泳衣。

有人將里維拉線形容是世界上最恐怖的火車，這主要是與獨特的地理位置和氣候條件有關。里維拉線部分路段緊鄰海岸，尤其在道利什附近，列車與海浪近在咫尺，惡劣天氣下，列車會遭遇強風和巨浪的衝擊，使坐在車內的人感覺很緊張和刺激。還有某些區段緊臨海崖，像是行駛在懸崖邊緣的感覺，特別是在海浪波濤洶湧時。事實上，它是一條安全、維護良好的鐵路，也是英國最美的鐵路之一。所以不必擔心，請安心放鬆地享受這趟獨特的旅程。

從擁有宏偉大教堂的艾希特城市出發到佩恩頓，全程約 55 公里。坐在火車裡的視角，可以欣賞一連串的自然美景。但若從站在海灘的視角觀看，會感覺行駛中的火車，好像想趕快離開城市，急迫地奔向另一處海灘。總之，這條鐵路非常適合喜歡海岸線漫遊的旅客。

歐洲

在道利什最驚險的路段。
暴風雨中，海浪直接拍
打在鐵路上的景象

010 威爾斯高地鐵路

Welsh Highland Railway

國家：英國
車站：卡納芬（Caernarfon）─波斯馬多格（Porthmadog）

永遠不會「完工」的鐵路

■ 建立、關閉、破產、重生、復興、擴展

　　威爾斯高地鐵路的歷史可以追溯到 1832 年的國會法案，但實際建設是在很多年後才開始。這條鐵路歷經多次變革，現在所看到的樣貌完全歸功於那些先驅者和鐵路保存志願者的努力。

　　它在 1863 年主要用於運輸石板，但在第一次世界大戰時關閉。在 1921 年獲得資金支持復運後，又因缺乏競爭力在 1933 年再度關閉。不久後，由另一家公司接管，可惜又在 1937 年因財務困難而關閉。1963 年，一群志願者成立了保護這條鐵路的協會，才開始推動重建鐵路的計劃，直到 1980 年代才正式展開復興鐵路的工程。2011 年，它與另一條鐵路連接，兩者合併成為「費斯蒂尼奧格和威爾斯高地鐵路」（Ffestiniog and Welsh Highland Railways）。未來，這條鐵路將永遠不會「完工」，因為維護和發展是一項永無止境的任務。

　　這條鐵路總長約 40 公里，從卡納芬出發，經過史諾頓山（Snowdon），然後穿越阿伯格拉斯林峽谷（Aberglaslyn Pass），最終抵達波斯馬多格。坐在舒適的車廂內，可以盡情品嚐新鮮烹飪的美食，同時欣賞窗外的美景。這一路經過的地區充滿壯麗的自然美景，特別是靠近世界遺產的雪多尼亞國家公園（Snowdonia National Park）。當列車行經里德迪站（Rhyd Ddu）時，會沿著公園邊緣行進，這時，你將有機會近距離感受大自然的美。

　　還有卡納芬城堡，這座 13 世紀的城堡是英國國王愛德華一世為鞏固對威爾斯統治而興建的城堡，採用了威爾斯傳統的建築風格，以巨大的石塔樓和堅固的城牆而聞名。

　　如果你正在尋找一個與眾不同的冒險之旅，不需要猶豫，趕快計劃威爾斯高地鐵路之旅吧！

歐洲

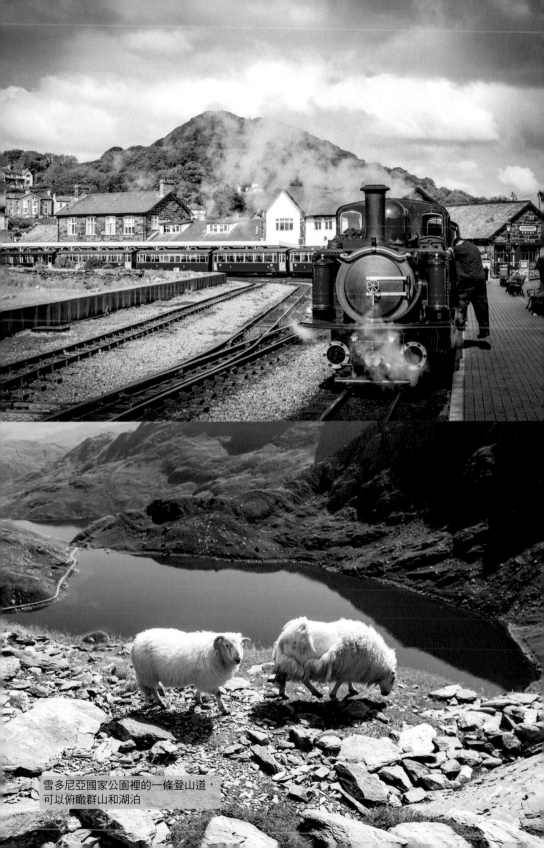

雪多尼亞國家公園裡的一條登山道，
可以俯瞰群山和湖泊

011 泰爾伊鐵路

Talyllyn Railway

> **國家**：英國
> **車站**：泰溫（Tywyn）—南格爾諾（Nant Gwernol）

世界第一個保存成功的鐵路文化

泰爾伊鐵路在 1865 年開始營運，主要用於運輸礦場的石板和石材，20 世紀初，隨著礦業的衰退，鐵路面臨財政困難，但仍然繼續運行，並逐漸開始吸引到一些觀光客。1951 年，由一群志願者成立的「Talyllyn Railway Preservation Society」（泰爾伊鐵路保存協會）介入，是世界上第一個成功的鐵路資產保護運動。從此，鐵路轉型為由志願者支持的觀光鐵路。

自轉型成功後，泰爾伊鐵路因歷史悠久、保留完好的蒸汽土車和古樸的車站，而受到更多鐵路迷的青睞。《湯瑪士小火車》（Thomas the Tank Engine）的作者曾多次造訪這條線路，從中獲得靈感，創作了一系列的故事。這些故事中的一些蒸汽火車與泰爾伊鐵路的車輛有著相似的外觀和特點。現在，泰爾伊鐵路和《湯瑪士小火車》不定期會舉辦聯名活動，吸引了大量遊客前往參加。

這段全長約 11.7 公里的鐵路，每一站都各具特色。首站泰溫鎮是威爾斯西海岸的一個度假勝地，以其美麗的海灘和沙丘聞名。緊接著是多爾戈赫車站（Dolgoch Falls），在這裡你可以輕鬆地步行觀賞到壯觀的瀑布美景。之後是阿伯諾爾站（Abergynolwyn），這裡曾是石板礦業的中心，適合有興趣探索當地礦業歷史和自然景觀的遊客。最後抵達的終點站是南格爾諾站，這裡有多條通往周圍山丘和森林的登山步道，非常適合健行者來探索大自然。

泰爾伊鐵路是威爾斯重要的歷史遺產，也是為鐵路保護運動的典範，這一切成就都來自於志願者的無私奉獻，他們的努力為旅客提供了一段充滿教育意義的鐵道旅程。

火車行駛靠近多爾戈赫瀑布車站，
北威爾斯（North Wales）

012 凱爾線

The Kyle Line

國家：英國
車站：蘭丁沃爾（Dingwall）—洛哈爾什凱爾（Kyle of Lochalsh）

蘇格蘭東海岸到西海岸線的列車

凱爾線建造始於 1870 年，歷時 27 年才完工。這條鐵路線是一項宏偉的工程成就，包括人工建造的 29 座橋樑和開鑿的 31 個穿越堅硬岩石的通道，成功克服了多山的地形挑戰。

雖然凱爾線不是私營，也不是文化遺產鐵路，但由於路線經過蘇格蘭一些最美、最壯觀的自然風景，因此成為旅客們非常重要且深受歡迎的旅遊工具。

這條全長約 128.7 公里的鐵路旅程，雖不豪華，但卻為沿線村莊的居民提供便利交通的重要鐵路。火車內部寬敞舒適不擁擠，其最大特色是窗外不斷變換的美景，而使這趟鐵路旅行變得非常特別。正因為如此，凱爾線被公認為世界上最具風景畫般美麗的鐵路路線之一。

從起點丁沃爾向西出發，途經許多美麗的村莊和小鎮，沿線有一些值得停靠下車的站點，例如：

- **艾查諾特（Achanalt）**：附近的洛赫艾查諾特（Loch Achanalt）周圍濕地被列為有特殊科學價值的地區（Site of Special Scientific Interest，簡稱 SSSI）。表示這裡的生態系統、稀有的植物和鳥類物種，對於科學研究有著重要價值。
- **普洛克頓（Plockton）**：這裡經常出現在大小銀幕中，如英國經典恐怖片《異教徒》（The Wicker Man）和蘇格蘭犯罪懸疑電視劇《哈米什·麥貝斯》（Hamish McBeth）等。終點站是位於蘇格蘭西北海岸的洛哈爾什凱爾，從這裡可以轉乘坐渡輪前往天空島（Isle of Skye）。

自 19 世紀末以來，凱爾線一直是蘇格蘭西部的主要交通動脈。春季和夏季是欣賞沿線風光的最佳時期，此時天氣溫暖，自然景觀最為迷人。

凱爾線其中的一個停靠點——斯特拉斯卡隆車站（Strathcarron Railway Station）

013 斯托克頓和達靈頓鐵路

Stockton and Darlington Railway

國家：英國
車站：達靈頓（Darlington）—斯托克頓（Stockton）

世界上第一條開始營運的鐵路

斯托克頓和達靈頓鐵路是世界上第一條正式營運的蒸汽火車鐵路，它於 1825 年開通，將兩個城市連接在一起，象徵著現代鐵路交通的開始。

建立背景：當時英格蘭的工業革命正在快速進行中，迫切需要更有效率的運輸系統，連接達靈頓的煤礦和斯托克頓的港口，以便更快速、經濟地運輸煤炭，以降低成本。

建設過程：1821 年，當地商人和煤礦業主最初計劃使用馬匹牽引車輛，但隨後在工程師的建議下決定改用蒸汽火車。這一決定讓人看到了蒸汽火車在鐵路運輸上的巨大潛力，特別是在運載能力和速度上遠超過馬匹。

日後影響：1825 年 9 月 27 日正式開通，當天約有 12,000 人至現場觀看這歷史性的一刻。首趟列車「Locomotion No. 1」載著乘客和貨物從達靈頓出發，一路前往斯托克頓。在當時社會和經濟產生了深遠影響。它提高了貨物運輸的效率，降低了運輸成本，從而刺激了工業生產和貿易。同時，這條鐵路也加強了不同地區間的連結。

文化與遺產：斯托克頓和達靈頓鐵路在英國以及全世界的鐵路歷史中占有重要地位，是工業革命的一部分，為往後的鐵路技術發展和全球鐵路網絡的建立奠定了基礎。

該鐵路途經多座古老橋樑，其中一些已不復存在或被改建。位於達靈頓的斯科恩橋（Skerne Bridge），是斯托克頓和達靈頓鐵路的一部分，建於 1825 年，至今仍然存在。這座橋樑跨越了斯科恩河（River Skerne），見證了鐵路歷史的發展。

紀念 1825 年斯托克頓
和達靈頓鐵路的郵票

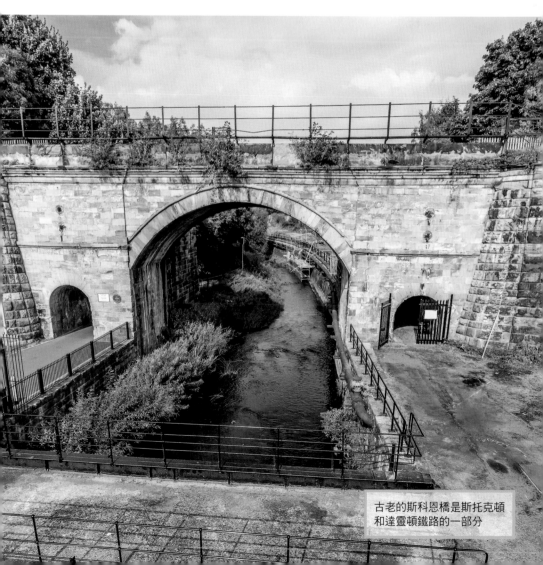

古老的斯科恩橋是斯托克頓
和達靈頓鐵路的一部分

014 普爾曼號

British Pullman

國家：英國
車站：提供各種不同的旅行路線，通常從倫敦的維多利亞車站（Victoria station）出發

英國的復古奢華列車

普爾曼號車廂來自 1920、1930 年代，每一節都是一件藝術品，具有獨特的風格。車廂裝飾著精緻的木飾面、訂製的織物和實心黃銅，展現了當時的工藝美學。每節車廂都有自己的名字和鮮明特性，內部有著古董家具、復古照明，甚至地板上鑲嵌著華麗的馬賽克。普爾曼號還提供多種主題旅程，如豪華午餐之旅、優雅的下午茶之旅、充滿懸疑的犯罪推理午餐等，為乘客帶來多元化的體驗。

列車停靠的城市如巴斯（Bath）、坎特伯雷（Canterbury）、約克（York）等，還有部分特定的旅程，如音樂會或藝術展覽，讓乘客在旅途中體驗英國文化的精髓。此外，對於計劃從倫敦出發前往威尼斯或其他歐洲目的地的旅客，他們通常先搭乘普爾曼號，隨後轉乘威尼斯辛普倫東方快車，以繼續他們的旅程。這樣的安排，讓旅客能夠體驗到兩種不同風格但同樣奢華的火車旅行。

在普爾曼號列車上，服務團隊非常注重細節，總是在你需要的時候出現，同時又不會打擾到你。他們擁有淵博的知識、樂於助人、親切且極具專業，對自己的工作充滿熱情。在餐飲方面，精緻的美食令人讚不絕口。品酒師會建議如何與餐酒搭配，而頂級廚師則會抽空與乘客互動。普爾曼號對乘客的著裝有特定的要求，以維持優雅和愉快的氛圍。

想要慶祝特殊日子、尋找難忘的度假方式，或探索英國鄉村美景的人來說，普爾曼號的奢華魅力和無微不至的服務，可以滿足你對於鐵路頂級豪華旅行的期望。

ATGimages / Shutterstock.com

daintyshot / Shutterstock.com

歐洲

卡萊爾火車站（Carlisle Railway Station），
坎布里亞郡（Cumbria）

奢華車廂內的餐桌擺設

015 雅各賓特蒸汽火車

Jacobite Steam Train

國家：英國
車站：威廉堡（Fort William）─馬萊格（Mallaig）

哈利波特的霍格華茲特快列車之旅

雅各賓特蒸汽火車是一列運行在蘇格蘭西部高地線（West Highland Line）上的觀光火車。這條鐵路線的格倫芬南高架橋（Glenfinnan Viaduct），出現在「哈利波特」電影中，也就是「霍格華茲特快列車」（Hogwarts Express）。

電影中的霍格華茲特快列車，是哈利波特與同學們前往霍格華茲魔法學校的交通工具。這個場景在蘇格蘭拍攝，包括雅各賓特蒸汽列車，尤其是它穿越格倫芬南高架橋的場景，因此雅各賓特蒸汽列車成為了哈利波特影迷的朝聖地。哈迷們可以搭乘這台列車，重現電影中的經典場景，並欣賞到與哈利波特相關的美麗風景。

格倫芬南高架橋以獨特的拱形結構，成為蘇格蘭高地的一大地標，加上坐火車通過時，可以欣賞到壯觀的高地風光，包括遠方的本尼維斯（Ben Nevis）山峰。每年有很多遊客前來，不管是乘坐經過的列車，還是站在高架橋下的觀景點，都是為了仰望這座代表工程奇蹟的高架橋。

雅各賓特蒸汽火車是由英國的西岸鐵路（West Coast Railways）公司經營的一條蒸汽列車路線。自 1995 年才開始營運，每年夏季運行，哈利波特電影的人氣，使得雅各賓特快蒸汽火車成為該公司一條非常受歡迎的路線。

終點站馬萊格位於蘇格蘭西海岸的小港口鎮，它是前往內赫布里底群島（Inner Hebrides）的重要交通樞紐，擁有美麗的海岸線和海灣景色，同時也是漁業中心，你可以看到漁船在港口進出，並品嚐到新鮮的海鮮料理。由於獨特的地理位置和美麗的自然景觀，加上是霍格華茲列車終點站，馬萊格成為了觀光旅遊的熱點。

歐洲

行駛於格倫芬南高架橋上的火車

016 懷特島蒸汽鐵路

Isle of wight steam Railway

> **國家**：英國
> **車站**：黑文街（Havenstreet）—小布魯克交匯處（Smallbrook Junction）

復古黃金時代的蒸汽火車之旅

懷特島位於英國南部海岸的漢普郡（Hampshire）對面，海峽的寬度在最窄處只有幾英里。在地圖上，懷特島看起來像是從英國南岸脫落的一小塊土地。這個島地形多樣，從沙灘海岸到綠色丘陵，氣候溫和，夏季涼爽，冬季溫暖，是英國最受歡迎的度假勝地之一。

坐在復古的蒸汽火車和維多利亞和愛德華時代的車廂中，欣賞島上的田園風光，當火車穿過古老的樹林時，可能有機會看到野生稀有動物紅松鼠的蹤影，相信這樣的氛圍，無人不被深深感動。

懷特島蒸汽鐵路的歷史是英國鐵路運輸發展的一個縮影。從 1862 年開通以來，歷經工業革命時期的變革，維護不足和交通量低，反映了當時島上的偏僻和貧困。當時面對購置新車輛的財務壓力，只能接收從英國本島轉移的舊設備，有人說懷特島是英國退役列車的養老地。正因如此，這條鐵路現在成為英國保存最完整且具有更早時代特色的鐵路之一，例如：車輛的出廠年分是 1876 年，但卻附掛 1864 年出廠的車廂。

這段長約 9 公里的鐵路上有 5 個停靠站，你不需要一直待在火車上，只需購買一張來回票（請參閱官網），當天可以不限次數、不限站的隨意上下車，探索各站的其他景點。

來到懷特島，一定要來體驗英國鐵路運輸的歷史資產，也是工業時代所留下的珍貴遺產的懷特島蒸汽鐵路。

歐洲

017 蘇格蘭西高地線
West Highland Line

蘇格蘭西高地線｜維基百科

國家：英國
車站：格拉斯哥（Glasgow）出發，一路向
　　　北，再分為兩條路線，一條通往奧本
　　　（Oban），另一條則延伸至威廉堡
　　　（Fort William）和馬拉伊（Mallaig）

探索蘇格蘭自然美景的鐵路之旅

　　西高地線的旅程從格拉斯哥開始，親愛的乘客們，讓我們先把世界的其他地方暫時拋諸腦後，全心投入準備迎接這一場絕美的鐵路之旅吧！Let's go！這趟旅途將經過洛蒙湖（Loch Lomond）和朝塞斯山國家公園（The Trossachs National Park）。當列車抵達克蘭拉瑞赫（Crianlarich）時，這裡是西高地線的分岔點，從這裡，你可以選擇前往奧本或是威廉堡、馬拉伊。以下是各個車站點的乘車時間，供你參考，以協助你預先安排行程：

- **格拉斯哥到奧本**：大約 3 小時 20 分鐘
- **格拉斯哥到威廉堡**：大約 3 小時 50 分鐘
- **格拉斯哥到馬拉伊**：大約 5 小時 30 分鐘

請留意下列景點，或者考慮在這些地方停留：

- **洛蒙湖**：英國最大的淡水湖之一，環繞著壯麗的山脈和自然風光。
- **蘭諾赫沼澤（Rannoch Moor）**：一片廣闊荒涼的景色，形成了一種獨特的自然美感。
- **奧本**：這個華麗小漁村以海鮮、威士忌和港口風光聞名。
- **威廉堡**：位於本尼維斯山（Ben Nevis）腳下，是一個戶外活動愛好者的天堂。
- **馬拉伊**：前往天空島（Isle of Skye）和其他海島的門戶。

　　此外，這條鐵路線曾出現在多部電影中，最有名的是《哈利波特》，哈利波特和他的朋友們，乘坐魔法列車前往霍格華茲學校場景的背景。還有，1986 年英美合拍的《時空英豪》；梅爾吉勃遜主導兼主演的《英雄本色》等。搭乘蘇格蘭西高地線，可以邊享受美景邊體驗電影場景的魅力。

Bob Cookshott / Shutterstock.com

歐洲

行駛在蘭諾赫高架橋（Rannoch Viaduct）的火車

格拉斯哥被聯合國教科文組織評為
「音樂之城」（UNESCO City of Music）

THE SSE HYDRO

018 蘇格蘭皇家列車

Royal Scotsman

> **國家：**英國
> **車站：**這條豪華列車提供多個不同的行程選擇，多數行程從愛丁堡
> （Edinburgh）為起點

古堡、威士忌的奢華之旅

在蘇格蘭皇家列車的旅程中，你將在古堡、威士忌酒廠和宏偉的鄉村別墅中享受特別精緻的款待，深入了解蘇格蘭歷史。所以，請坐下來，盡情地放鬆，讓蘇格蘭皇家列車服務團隊滿足你的一切需求吧！

列車之外的頂級行程包括夜空下觀星、徒步穿越峽谷、在尼斯湖上划獨木舟以及林克斯球場（St Andrews Links）打高爾夫球，這是世界上最古老的球場，擁有超過 600 年的高爾夫歷史。此外，喜愛威士忌的旅客還可以參觀幾家知名釀酒廠，如 1824 年創立的格蘭威特釀酒廠（Glenlivet Distillery），體驗威士忌的釀造過程和獨特風味。

旅客的服裝要求是女士們穿著正式禮服，而男士們則需穿著深色西裝，搭配領帶、燕尾服或蘇格蘭裙。蘇格蘭皇家列車以悠閒的速度行駛，不讓你錯過窗外任何的景色。車上的餐點均採用當季食材製作，並搭配頂級葡萄酒和威士忌等美酒，因此譽為全球最佳豪華列車酒店。

晚餐結束後，你可以在觀景車上小酌蘇格蘭單一麥芽威士忌，傾聽當地人分享蘇格蘭的歷史故事，或欣賞小提琴家的演奏，甚至與同車旅客一起學習蘇格蘭風格的舞蹈，想休息時，可以回到客房享受私人的衛浴設施。然後隔天的早晨，好好享受豐盛的早餐，為新的一天帶來溫暖的開始。

從愛丁堡的風笛手熱烈歡迎你登上列車的那一刻起，你將享受無與倫比的服務和款待，直到不得不離開的時候。不過，很快地你會意識到，沒有什麼能比得上蘇格蘭皇家列車的旅程，馬上萌生想再次體驗這趟旅程的念頭。

歐洲

Peter R Foster IDMA / Shutterstock.com

Billy Watkins / Shutterstock.com

蘇格蘭威士忌行程之一：
格蘭威特釀酒廠

019 歐洲之星

Eurostar

國家：英國和歐洲大陸國家
車站：有多條營運路線，請參考官網

連接倫敦和歐洲大陸的跨海列車

歐洲之星是首批通過英法海底隧道的列車之一。英法海底隧道的建設耗時多年，是一項龐大的工程，在 1994 年正式開通，成為英國與歐洲大陸之間的第一條陸路直達通道。

起初，歐洲之星的主要路線連接倫敦與巴黎、布魯塞爾。這種全新的跨國高速列車服務，為英國與歐洲大陸之間的旅行提供了一種快速便捷的選擇，與傳統的航空和渡輪形成競爭。如今它成了綠色減碳交通運輸的典範，與飛機、火車相比，碳排放低得多。順便在此提醒全人類，減碳已是一件「非做不可」的事。

之後，歐洲之星逐漸擴展更多的目的地，包括法國的里昂、馬賽以及荷蘭的阿姆斯特丹等地。如果你想前往法國南部，可以在巴黎北站轉乘其他列車，盡情享受下一段法式浪漫、藝術和慵懶的風情之旅。

歐洲之星是跨國列車，和坐飛機一樣的報到流程。請準備好護照、車票，至少在出發前 45 ～ 60 分鐘到達，以有充足的時間完成安檢和海關檢查等登機手續，非歐盟國家的人需填寫特定的入境文件。在列車上，可以攜帶食物和非酒精飲料，全車禁煙，包括電子煙在內。列車上有餐車，提供各種飲料、小吃和輕食以及免費 Wi-Fi 服務、電源插座。

歐洲之星最受歡迎的路線，是從倫敦聖潘克拉斯車站（St Pancras Railway Station）到巴黎的北站，以高達 300 公里／小時的速度運行，全程僅需約 2 小時多。

搭乘歐洲之星是一種高效、舒適且環保的跨國旅行方式，尤其是通過英法海底隧道的 50.45 公里的這段路程，絕對是一段非常獨特的體驗。

歐洲

英國倫敦聖潘克拉斯車站

巴黎開往倫敦的歐洲之星，
行駛在法國鄉村的北歐高速
鐵路線（LGV Nord）上

020 松果列車

Train des Pignes

> **國家**：法國
> **車站**：尼斯（Nice）—迪涅萊班（Digne-les-Bains）

橫越普羅旺斯風情的火車

松果列車的原文 Pignes 的意思是「松果」，此名稱由來據說有二個版本，第一個版本是列車速度相當緩慢，以至於乘客有足夠的時間下車撿拾沿途的松果再上車；第二個版本是當蒸汽火車缺乏煤炭時，列車長會把松果當做燃料用。不管是哪一種都相當地有趣，總之，這條鐵路確實穿過大片的松樹林。

普羅旺斯（Provence）位於地中海沿岸，北至阿爾卑斯山脈，西接隆河（Rhône），鄰近義大利。英國作家彼得·梅爾（Peter Mayle）在他的著作《普羅旺斯的一年》（A Year in Provence）提到：「普羅旺斯的夏天是由藍天和熾熱的陽光編織而成的。薰衣草田在溫暖的風中輕輕搖曳，散發出令人醉心的香氣，而遠處的橄欖樹在炙熱的空氣中顯得格外的沉靜和莊嚴。在這片土地上，每一口新鮮的空氣都像是在品嚐生活的精髓，每一道風景都是畫家畫布上的完美畫作。」

松果列車連接了普羅旺斯地區 30 多個城鎮，為當地居民和遊客帶來相當便捷的交通工具。它將阿爾卑斯山和普羅旺斯連接在一起，路線經過山脈、中古世紀的村莊、葡萄園、橄欖園和地中海海岸線等。乘坐此列車，不僅能欣賞風景，還能下車參觀古建築、品味當地美食和葡萄酒，以及參加各種文化活動。

旅程從地中海沿岸的尼斯開始，尼斯是經典法式料理普羅旺斯燉菜的發源地。你可以在啟程前到陽光海灘放鬆一下，然後再前往迪涅萊班，這個終點站位於阿爾卑斯南部山區的一個美麗河谷中，以溫泉聞名，吸引了許多前來尋求身心療癒康復的遊客。

從金色的沙灘到綠色的山峰，一路上不同的自然風光，豐富了你的旅程，也豐富了你的視野，就讓松果列車帶著你去探索這多彩的世界吧！

歐洲

普羅旺斯中古世紀村莊的街道

021 科西嘉島小型火車

Chemins de fer de la Corse

國家：法國

搭顫抖小火車探索地中海小島

科西嘉島（Corsica）是一個充滿強烈特色的美麗島嶼，位在地中海，屬於法國領土。科西嘉島曾經被熱那亞共和國統治，但在 1768 年，已不受控制的科西嘉島被轉讓給法國，法王路易十五派軍征服，隔年主權歸屬法國。三個月後，一位極具影響力的歷史人物拿破崙在此出生。科西嘉島因經歷多次的政權變動和外部統治，如今，在政治上是法國的一部分，但島上的語言、文化、音樂、風俗和傳統與法國大不相同。

在科西嘉島，若想要放鬆慢慢享受風景，可選擇搭乘科西嘉島小型火車的旅行方式。它有兩條主要幹線，一條連接位在南部的首府阿雅克肖（Ajaccio）與主要港口城市巴斯提亞（Bastia）；另一條則從阿雅克肖通往西北海岸的卡爾維（Calvi）。

主要景點有：

- **阿雅克肖**：拿破崙的祖厝就在這裡，你可以循著他的足跡探訪紀念館、居住地和曾受洗禮的 16 世紀大教堂等。還有，品嚐當地的葡萄酒和特產，享受島上的自然美景和地中海美食。
- **巴斯提亞**：這裡有一個位在高地上的巴斯提亞城堡（Citadel of Bastia），其鋪滿鵝卵石的街道充滿地中海風情，非常適合在城堡中來個浪漫的散步之旅。
- **卡爾維**：最著名的地標是卡爾維城堡（Citadel of Calvi），建於 13 世紀，居高臨下俯瞰整個鎮區和海灣，是探索卡爾維鎮的絕佳點。市鎮狹窄的街道和古老建築充滿了歷史氣息。

當地俗稱科西嘉島小型火車為「顫抖的小火車」，因為行駛速度很慢，火車設備老舊，乘坐時會晃動。強烈建議來到這裡，至少一定要乘坐某一路段的火車旅行，才能真正深刻體驗探索科西嘉島的獨有節奏。

博尼法喬（Bonifacio）坐落在島嶼的南部，立在懸崖上俯瞰地中海

022 高速鐵路 TGV

TGV（Trains à Grande Vitesse）

國家：法國

輕鬆抵達你所想的任一法國城市

高速鐵路 TGV 連接了超過 200 多個車站，涵蓋了法國主要城市和地區中心，同時也延伸至鄰近國家，如比利時、德國、義大利、西班牙和瑞士。許多外國遊客會以巴黎或其他主要城市做為出發點，以快速抵達法國各地和周邊國家。

TGV 於 1981 年開通，在當時，革命性地改變了法國的長途旅行方式，以前需要經過夜間長途車程才能到的地方，現在只需幾小時就可以到達，自然而然成了法國人日常生活中不可或缺的一部分。

從巴黎出發，輕鬆抵達你心中所想的每一個法國城市：

- **法國西南部**：拜訪葡萄酒之都的波爾多（Bordeaux）、有玫瑰色之城稱號和航空工業中心的土魯斯（Toulouse）、位於西班牙邊境有濃厚巴斯克文化氛圍的比亞里茨（Biarritz）等。
- **法國東部**：前往位於法國與德國邊境的斯特拉斯堡（Strasbourg）、靠近瑞士古羅馬時代的老城市貝桑松（Besançon）、培養許多世界級廚師的烹飪藝術之都的里昂（Lyon）等。
- **法國南部**：探索多元文化和地中海風情城市的馬賽（Marseille）、充滿陽光、文化和自然美景的尼斯（Nice）、普羅旺斯地區富有藝術氣息的亞維儂（Avignon）、世界電影之城的坎城（Cannes）等。
- **法國北部**：漫遊於法國與比利時交界處的里爾（Lille）、靠近英吉利海峽，通往英國主要渡口的加萊（Calais）、二次世界大戰中重要歷史事件「敦克爾克大撤退」而聞名的敦克爾克（Dunkerque）等。

搭乘高速 TGV，讓你輕鬆暢遊法國和歐洲的各個角落。就讓 TGV 陪你一路玩到底，一起在歐洲世界一探究竟。

里爾車站

穿越法國南部貝濟耶（Beziers）
奧爾布河（Orb）上的一座橋樑

023 布洛肯鐵路

The Brocken Railway（德語：*Brockenbahn*）

國家：德國
車站：德賴安能霍納（Drei Annen Hohne）—布洛肯（Brocken）

穿越哈茨山直達花崗岩高原之上

自 19 世紀末起，布洛肯蒸汽火車就開始沿著狹窄的軌道，穿梭哈茨山脈（Harz）之中，終點站在德國北部最高的花崗岩高原上。哈茨山脈位於德國中部，其中最高峰為布洛肯山，海拔 1,141 公尺。布洛肯車站獨特的建築風格非常有名，主要是採用大量當地花崗岩石塊建造而成。站在布洛肯山頂上，可以眺望冒著煙霧、緩緩移動的火車，這樣的景象讓人留下深刻且難忘的印象。

以下是一些布洛肯鐵路行經的主要景點：

- **卡爾滕博多（Kalten Bode）**：這個山谷充滿了懸崖陡壁和原始森林。
- **溫貝格（Wurmberg）**：經過茂密的雲杉林後，將看到溫貝格地區山坡上巨大石層形成的宏偉地質景觀。
- **埃克洛赫（Eckerloch）**：被森林覆蓋的山谷，在不同的季節呈現不同的面貌，冬季時冰雪覆蓋，夏季時綠樹蓋頂。1950 年，第一屆東德跳台滑雪錦標賽就是在這裡舉行。
- **哈茨國家公園（Harz National Park）**：整個旅程穿越了哈茨國家公園裡的森林、高山、湖泊和溪流及各種野生動植物，這裡的生態系統豐富多樣，都受到保護。公園還保留了一些文化遺產，如傳統的木屋、古老的礦山和採石場。
- **席爾克（Schierke）**：這是布洛肯鐵路的一個重要車站，也是許多遊客開始徒步旅行的起點。你可以根據自己的喜好或身體狀況，從這裡爬上布洛肯山頂，然後輕鬆地搭乘火車下山，或者先搭乘火車，步行回到這裡。幸運的話，可能會在路途中遇到布洛肯當地的狐狸動物朋友，因為牠們好像特別喜歡布洛肯鐵路，常出現在火車站旁找點吃的，Good Luck！

哈茨山以美麗景色和
女巫傳說聞名

024 西萊茵河谷鐵路
West Rhine Railway

國家：德國
車站：科隆（Cologne）—美茵茲（Mainz）

探索最美麗的萊茵河、童話小鎮

一提到萊茵河，往往想到最舒適的遊覽方式是搭乘河輪，但其實坐火車也非常有趣。西萊茵河谷鐵路從北部的科隆開始，沿萊茵河西岸（左岸）行駛南下至美茵茲。乘坐這條鐵路，可以欣賞到寧靜的萊茵河流域、山坡遍布著葡萄園、中世紀古城堡、起伏的山脈和童話般的小鎮。此外，還可以看到世界遺產羅蕾萊礁石（Lorelei Rock），這是萊茵河上一個富有浪漫色彩的民間傳說和獨特地形特徵的地標。

西萊茵河谷鐵路途經許多歷史悠久且文化豐富的城市——科布倫茲（Koblenz）、布勞巴赫（Braubach）、聖高爾（St. Goar）、巴哈拉（Bacharach）、賓根（Bingen）等。

科布倫茲坐落在萊茵河與莫澤爾河（Moselle River）交匯處，曾是羅馬帝國的一部分，因此它擁有近 2000 多年的歷史，城市中保留了許多歷史建築和古老的城牆，最有名的是德意志角塔（Deutsches Eck），這個地方建有一座宏偉的銅製騎馬雕像，以紀念德意志帝國首任皇帝威廉一世對德國統一所做出的貢獻。它在第二次世界大戰中遭受到嚴重破壞，於 1950 年代重建。雕像所在的位置是兩條河交匯點最顯眼之處，也是科布倫茲的代表性地標。

另外，還有一條鐵路線，東萊茵河谷鐵路（East Rhine Railway），它同樣沿著萊茵河行駛，但位於河的東岸。這條鐵路線穿過的城鎮和景觀與西萊茵河谷鐵路不同。旅客可以靈活選擇某一側，或是在某些城市的交匯點換乘，全面探索和體驗萊茵河谷的自然美景和豐富文化。

歐
洲

賓根車站，在萊茵河沿岸，是通往
萊茵河谷地區的主要交通樞紐之一

聖高爾豪森（St. Goarshausen）位於萊
茵河谷的中部，這個地區以其壯觀
的自然景色和中世紀城堡而聞名。
其中一個著名的卡茲堡（Burg Katz）
坐落在一個海拔較高的位置，俯瞰
著萊茵河谷和對岸的聖高爾

025 德國 ICE 高速列車

The Intercity-Express

國家：德國

快速、現代、舒適的列車服務

德國 ICE 高速列車以時尚現代的外觀、卓越的速度和舒適性而聞名，是商務和休閒旅客的首選。列車經過的區域範圍遍及德國各大城市以及鄰近國家，如柏林、法蘭克福、漢堡、慕尼黑、科隆、斯圖加特、杜塞道夫、漢諾威、萊比錫、不萊梅等。並延伸連接其他歐洲國家的主要城市，如阿姆斯特丹（荷蘭）、布魯塞爾（比利時）、巴黎（法國）和蘇黎世（瑞士）。停靠站和路線依列車種類和目的地而有所不同。

ICE 高速列車以每小時 250 到 300 多公里的速度行駛，列車內部的座位十分寬敞，給予腿部充足的伸展空間，座椅可以調整角度，讓乘客在高速行駛中也能放鬆身心。大型車窗則提供了極佳的視野，讓人得以欣賞途中的美景。頭等艙設有閱讀燈和電源插座等設施，方便乘客在旅途中能夠工作或休息。還設有餐車車廂，供應各種食物和飲料。頭等艙和一般車廂均可享受免費的 Wi-Fi。

搭乘 ICE 列車前不需要辦理登車手續或通關程序。如果是國際路線，強烈建議最好事先預訂座位，特別是在繁忙的路線或熱門的旅行時段。上車之後，工作人員會在途中進行車票檢查，記得要隨時攜帶有效車票及身分證件以供檢查。

打算乘坐 ICE 列車，你可以考慮購買德國鐵路通行證（Eurail Germany Rail Pass），它的好處是在一定的時間內，享無限次搭乘所有德國高速鐵路或由德國鐵路公司營運的區域列車，旅客可以根據自己的行程靈活安排旅行。

行駛於法蘭克福的 ICE 列車

慕尼黑的 ICE 列車內部

026 森梅林格鐵道

Semmeringbahn

國家：奧地利
車站：格洛格尼茨（Gloggnitz）─米爾茨楚施拉格（Mürzzuschlag）

世界第一條山區鐵路

擁有超過 160 年歷史的森梅林格鐵道，全長約 41 公里，是世界上第一條山區鐵路，並被列為世界遺產，代表著 19 世紀鐵路建設的傑出成就。這條鐵路不僅在工程學上取得了重大突破，也對奧地利交通史產生了深遠的影響，甚至為了表示對這項技術奇蹟的肯定，森梅林格鐵道曾被印在奧地利 20 先令（Schilling）紙幣上。

19 世紀時，森梅林格（Semmering）是一個融合高山入口和小鎮特色的夏季度假熱門勝地。當時的主要旅客多來自維也納，此需求促使了一項宏偉計劃的誕生。這項工程的靈魂人物是卡爾里特・馮・蓋加（Carl Ritter von Ghega），在工程界具有傳奇色彩的人物。

他規劃了這條在當時被視為歐洲第一條山區鐵路，成功克服了 457 公尺的高度差，穿越 14 條隧道、16 座高架橋，並在多座拱形石橋上以大弧度蜿蜒上山。約 20,000 名工人在當時極為艱苦的條件下完成了這項技術上的巨大挑戰。遺憾的是，蓋加在 1860 年因肺結核病逝，未能親眼見證這項偉大創作為後世帶來的深遠影響。

如今，這段鐵路已成為奧地利最受歡迎的觀光鐵路線之一，吸引著大量遊客和火車迷。沿途景色變化多樣，從森梅林格地區綿延的森林、山峰到開闊的草地，每一個角落都充滿了驚喜。特別是隧道、高架橋和大轉彎等區域。

沿著鐵道有一條著名的「森梅林格鐵道徒步路線」（Semmering Railway Hiking Trail），這條步道跟隨著鐵路線，徒步者可以一邊步行一邊欣賞自然美景和森梅林格鐵道的工程奇觀。除此之外，還有許多其他徒步路線可供探索。如果你喜歡徒步旅行，那麼用步行方式探索這條鐵路和周圍美景，會是一個很棒的方式。

奧地利 20 先令紙幣上的偉大工
程師——卡爾里特・馮・蓋加

027 少女峰鐵路
Jungfrau Railway

> **國家：**瑞士
> **車站：**小夏戴克（Kleine Scheidegg）—少女峰（Jungfraujoch）

到達瑞士最高峰的鐵道

少女峰鐵路是歐洲最高的鐵路系統，終點站少女峰頂車站海拔 3,454 公尺，被稱為「歐洲之巔」。它穿越了艾格峰（Eiger）和僧侶峰（Mönch）的隧道，總長約 9.3 公里，其中大部分路段都在約 7 公里長的隧道內完成，這象徵著人類征服自然的決心和創新工程的成就。

建造少女峰鐵路的構想最初由蘇黎世紡織企業家阿道夫·蓋爾－澤勒（Adolf Guyer-Zeller）提出，他的願景是造一條鐵路將遊客帶到少女峰。鐵路於 1896 年開始動工，工程面臨的最大挑戰之一是在惡劣的高山環境中進行施工。鐵道的大部分路段都在山內，工程團隊必須解決如何在冰川和岩石中挖掘隧道的技術難題。1898 年開通了第一段，接著繼續延伸至少女峰站，最終在 1912 年正式完工，成為全世界最受歡迎的旅遊鐵路之一，也為在少女峰的氣象科學研究人員和餐廳商店擔任運送物資的工作。

在旅程中，你可以在隧道裡的中途站冰海觀景台（Eismeer）上，欣賞到一片冰雪之海，停留的時間足夠你拍攝很多的紀念照。山頂上有氣象觀測站、觀景台，在這裡，你可以全景視角及近距離感受阿爾卑斯山脈的純淨之美，還有餐廳、冰宮（Eispalast）等娛樂設施。

2020 年，艾格峰快線（Eiger Express）開通，從格林德瓦（Grindelwald）出發，只要 15 分鐘就能到達艾格冰川站（Eigergletscher），然後再轉乘少女峰鐵路直達山頂。這種結合現代化、快速的纜車和傳統的高山鐵路體驗，讓遊客可以在更短的時間內欣賞到更多的阿爾卑斯山的壯麗景色。如果你想要享受這種難忘的旅程，就趕快準備前往歐洲最高的鐵路車站吧！

從冰海車站的視角觀看格林德爾瓦爾德冰川（Grindelwald-Fiescher Glacier）景色

028 皮拉圖斯山鐵道

Pilatus Railway

> **國家**：瑞士
> **車站**：阿爾卑納赫施塔德（Alpnachstad）—皮拉圖斯山頂（Mount Pilatus Kulm）

瑞士龍傳說的發源地

皮拉圖斯山鐵道的 logo 圖案是一條龍，這與皮拉圖斯山的傳說有關。據說山上曾經有一條邪惡的火龍，有位勇敢的年輕人成功擊敗了牠，因此也稱此山為「龍山」。另一傳說是羅馬帝國一位叫做皮拉圖斯的官員埋葬於此。這些故事留給後人無限想像，也賦予了這座山一個傳奇的名字。

皮拉圖斯山位於瑞士中部，海拔約 2,128 公尺。可搭乘皮拉圖斯鐵路或空中纜車到達山頂，兩條路線終點站雖然一樣，但起點不同。二者都想體驗的旅客，會購買金色環遊（Golden Round Trip）行程。這個行程從琉森（Lucerne）出發，在琉森湖乘船前往阿爾卑納赫施塔德，然後搭火車上山頂，再坐空中纜車下山，最後搭巴士返回琉森。

皮拉圖斯鐵路是世界上最陡峭的齒軌鐵路之一，最大坡度為 48%，全長 4.6 公里，垂直爬升距離為 1,629 公尺。山頂設有多個觀景台，可盡情欣賞阿爾卑斯山脈、琉森湖和周圍山脈的壯麗風景，還有多家餐廳等美食，如果想待久一點感受這美景，可以選擇在此住宿。

此外，還有適合全家大小玩樂的「皮拉圖斯山頂樂園」（Pilatus Summit Amusement Park），它提供各種刺激冒險活動，從簡單到具有挑戰性的攀爬路線、適合四到八歲小朋友穿越樹頂的繩索公園，以及適合八歲以上兒童爬的猴子樹。另外，有一項必須帶勇氣體驗的自由落體，保證非常刺激。

皮拉圖斯山為各類遊客提供豐富多樣的體驗，一路上搭巴士、遊船、火車、纜車，然後在山頂享受美景美食，又可以自由選擇輕鬆漫遊、挑戰性登山、娛樂冒險的方式親近大自然，是一個度過愉快時光的好地方。

從皮拉圖斯山頂上俯瞰盧塞恩湖（Lucerne lake）

029 冰川列車

Glacier Express

國家：瑞士
車站：策馬特（Zermatt）—聖莫里茲（St. Moritz）

世界上最慢的特快列車

為什麼叫做「最慢的特快列車」？

冰川列車總長 291 公里，全程約八小時，跨越 291 座橋樑、穿過 91 條隧道。一般「快車」指的是高速列車，但它以悠閒、舒緩的步調緩慢運行，使乘客有充分的時間欣賞窗外的美景，在旅行中得到放鬆和寧靜，因此被稱為「最慢的快車」。

在冰川快車上，你可以舒適地坐在位子上，欣賞阿爾卑斯山脈壯麗的全景。從豐富多樣的菜單中挑選你喜歡的菜色，所有的美食都是使用精心挑選的當地食材，在列車上現場料理，然後直接送到你的座位上。此外，還可以搭配當地的葡萄酒，盡情享受美食的盛宴。

冰川特快列車的服務人員大多會講英語、法語和德語。所有車廂都是在座位上享受用餐服務，雖然不能攜帶寵物隨行，但是歡迎所有的導盲犬。

沿途有亮點的景點如下：

- **聖莫里茲**：知名滑雪勝地，有豐富的溫泉資源，適合在冬季享受溫泉浴，放鬆身心。
- **策馬特**：有多個觀景台，讓遊客可以欣賞馬特洪峰（Matterhorn），特別是在日出和日落時，景色格外迷人。
- **索利斯（Solis）、蘭德瓦薩（Landwasser）**：二座高架橋以及螺旋隧道。
- **萊茵河谷（Rhine Gorge）**：被譽為瑞士版的「大峽谷」。這個地區自然生態豐富，非常適合鳥類觀察和自然探險。
- **奧伯阿爾普山口（Oberalp Pass）**：海拔高達 2,033 公尺，是瑞士高山地區的一個重要地標。

冬季坐冰川快車會是一個令人難忘的體驗，請記得做好抵禦寒冷天氣的準備，才能舒適安全地欣賞冰川美景。

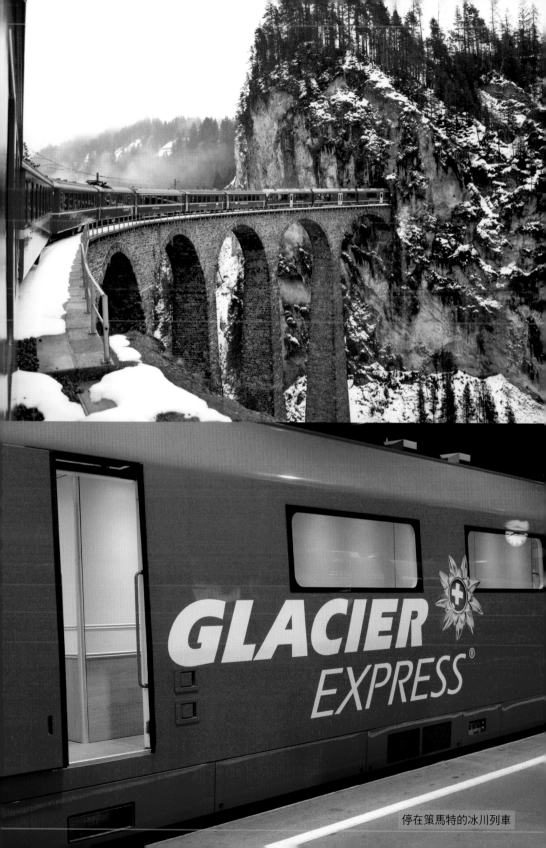

停在策馬特的冰川列車

030 哥達鐵路隧道

The Gotthard Base Tunnel

> **國家：**瑞士
> **車站：**埃斯特費爾德（Erstfeld）—博迪奧（Bodio）

世界上最長最深的鐵路隧道

哥達鐵路隧道於 2016 年開通後，成為世界上最長的鐵路隧道，總長 57 公里，穿越阿爾卑斯山脈的哥達山塊，把原來第一名的日本青函隧道（近 54 公里）的津輕海峽線，擠至第二名。第三名則是英法海底隧道（約 50 多公里）。

這條隧道從 60 年代開始規劃，1999 年動工，耗時 17 年完工，目的是為了提供一條更直接、更快速的交通路線。與舊有路徑較為曲折且海拔較高的哥達隧道（約 15 公里）和公路相比，新隧道的低海拔及更直線的路徑，大幅縮短旅行時間和成本，並增加運輸的容量。列車以最高時速 250 公里行駛，僅需約 20 至 25 分鐘即可完成隧道內兩站之間的行程。

哥達鐵路隧道的建設是一項結合工程學、地質學和環境學的重大成就，對現代交通基礎設施造成了深遠的影響。面對著不可預測的岩石質量、山體重量和極端溫度、濕度的環境挑戰，工程團隊使用了大規模的鑽掘工作和先進的機械和技術。此外，在建設過程中，考慮到對環境的影響，採取了一些措施以減少生態衝擊，例如重新安置受影響的動植物，盡到對環境保護的責任。

在安全方面，哥達鐵路隧道設置緊急情況下的交叉通道和逃生路線，以及通風系統，裝備訊號增強器，以讓通訊暢通無阻，可說是一條對旅客和貨物穿越阿爾卑斯山迅速又可靠的通道。

一位瑞士官員在首班列車啟程時表示：這條鐵路隧道加快了人們和貨物的旅行速度，同時也讓斯圖加特（Stuttgart）、蘇黎世（Zurich）、盧加諾（Lugano）和米蘭（Milan）等這些城市之間的連結更加緊密。

經過馬特洪峰（Matterhorn）的
謝勒嫩峽谷（Schöllenen Gorge）

列車進入埃斯特費爾德車站的隧道

031 高納葛拉特鐵道

Gornergrat Bahn

國家：瑞士
車站：策馬特（Zermatt）─葛納葛特（Gornergrat）山頂站

通往天空的高山觀景鐵路

高納葛拉特鐵道全長 9.4 公里，從海拔 1,620 公尺的策馬特車站啟程，僅需 33 分鐘時間，就能一路攀升到 3,089 公尺的山頂。自開通以來已有 120 多年歷史，一直全年無休，持續運送遊客直達山巔。站在山頂，壯闊的自然景觀盡收眼底，包括馬特洪峰（Matterhorn）、高山冰川和夜晚璀璨的星空等。

起點策馬特是一個環保無車城市，禁止汽車駛入，不過可以使用電動計程車、馬車或步行在城市內移動。它位於馬特洪峰山腳下，擁有 54 條山間索道及纜車和超過 360 公里長的滑雪道，是世界上最大和最高的夏季滑雪區。很多國家的滑雪隊，夏天都在這裡接受訓練。

終點站葛納葛特山頂，設有一個觀景台，提供近距離觀賞周圍高山的絕佳視角，被譽為世界上最精彩的全景。在這裡，你可以看到羅莎峰（Monte Rosa）、瑞士最高峰杜富爾峰（Dufourspitze，海拔 4,634 公尺）、阿爾卑斯山的高納冰川（Gorner Glacier）等共 20 幾座超過 4,000 公尺的山峰。

觀景台旁邊有一段走 20 分鐘的環形冰川步行路線，可讓你更近距離看到高納冰川。山頂上還有一座天文台，專為天文迷提供觀測星空的地方，尤其在晴朗的夜晚，星星在這個高海拔地區格外清晰。此外，歐洲最高海拔的酒店也座落在山頂上，在這裡過夜會是一段難以忘懷的美好經歷。

對於攝影家、探險家和任何熱愛大自然美景的人來說，搭乘高納葛拉特鐵道的 33 分鐘旅程，是一段單純而幸福的旅行，因為在旅程的盡頭，還有更多的自然奇蹟等待著他們去探索和體驗。

032 黃金列車

Golden Pass Line

> **國家**：瑞士
> **車站**：蒙特勒（Montreux）—琉森（Lucerne）

連接德語和法語區的鐵道之旅

黃金列車的名稱來自於這條火車路線連接了兩個語言區，經過阿爾卑斯山區和八座湖泊、三座山口等最精華的路段，而得此名，也因這個名字吸引了遊客，讓他們知道在這條路線上，可以欣賞到如同黃金一樣珍貴的風景和回憶。

黃金列車分為三段，分別由三家鐵路公司經營，不需分開購買車票，以一票到底在轉接站輕鬆換乘。全程約為 191 公里，連接蒙特勒、茲懷斯文（Zweisimmen）、因特拉肯（Interlaken）和琉森。如果想在途中的某個城市停留一段時間，可下車，隨後再繼續下一段行程。

1. **GoldenPass Panoramic：蒙特勒 ↔ 茲懷斯文**

   由 MOB 公司經營，金色的車身，這裡是法語區。它的配備有超大型窗戶的全景列車，行程約 2 小時。

2. **BLS RegioExpress：茲懷斯文 ↔ 因特拉肯**

   由 BLS 公司經營，黃藍色的車身，這條路線可以欣賞到瑞士優美綠色的山谷和小村莊，行程約 1 小時多。

3. **Lucerne － Interlaken Express：因特拉肯 ↔ 琉森**

   由 SBB 公司經營，紅白色的車身，這條路線經過了瑞士著名的布里恩茨湖（Lake Brienz）和圖恩湖（Lake Thun），並進入德語區，行程近 2 個小時。

2022 年底，推出了 GoldenPass Express 新型的列車服務，直接連接蒙特勒和琉森，無需換車。在瑞士，不同地區的鐵路軌距不同，傳統上需要在軌距變換點換車。GoldenPass Express 列車是一種可以自動調整以適應不同軌距的輪系。當列車從標準軌轉換到窄軌時，這個系統能夠在不停車的情況下自動調整輪子的間距。這種變軌技術是 GoldenPass Express 的一大亮點，提高了乘客的便利性，也展現了瑞士鐵路先進和創新的技術。

停靠在洛桑（Lausanne）的
Golden Pass Panoramic 列車

超大型窗戶的全景列車

033 雷蒂亞鐵路

Rhaetian Railway

國家：瑞士

世界上最壯觀的山區鐵道線

雷蒂亞鐵路是瑞士一家私營鐵路公司，經營多條鐵路線，其中的兩條路線：阿爾布拉線和伯尼納線連接在一起，叫做 Albula/Bernina Railway，因其獨特的景觀、歷史價值和工程技術被列為世界遺產。

阿爾布拉線於 1903 年完工，全長 62 公里，從圖斯（Thusis）到聖莫里茲（St. Moritz），擁有 42 條隧道和 144 座高架橋。其中最有名的景點是蘭德瓦瑟高架橋（Landwasser Viaduct），這座高架橋有六個圓拱並且全由石頭建造而成，是瑞士鐵路工程中的一個經典之作。

2022 年，為了慶祝 175 週年，雷蒂亞鐵路將 100 輛總重 2,990 噸的車廂，連接成 1,906 公尺長的列車，從普雷達（Preda）行駛至阿爾瓦努（Alvaneu），一路下降 789.4 公尺。

這項挑戰的重點是要讓加長列車平穩地行駛於高海拔山區的彎道、隧道和眾多高架橋的窄軌鐵路上。為了確保安全，車上安排 7 名司機和 21 名技術人員。這項壯舉在 10 月 29 日成功實現，打破了金氏紀錄，成為世界最長的列車。

伯尼納線於 1910 年完工，全長 61 公里長，從聖莫里茲到提拉諾（Tirano，義大利），擁有 13 條隧道和 52 座高架橋，穿越了海拔 2,253 公尺的伯尼納山口。在這個高度點，乘客能夠俯瞰到壯觀的冰川和高山湖泊。

另一個亮點是在蒙提貝羅彎道（Montebello Curve）處，這裡可以欣賞到莫爾拉奇冰川（Morteratsch）。建議在阿爾普呂姆（Alp Grüm）車站停留，享受一下這個位於高山之上、僅有火車可達之處的美景和美食。

曾坐過阿爾布拉／伯尼納線的朋友分享，終於體會到什麼叫做「目不暇給」，不斷出現的美景，讓他一下子看左邊一下子看右邊，難以取捨。因為還有太多經典景色無法一一納入本篇，最好的方式是親自前往體驗這段旅程。

火車在伯尼納線上的布魯西螺旋高架鐵道（Brusio spiral viaduct）上行駛

從懸崖中的隧道駛出，穿越著名的蘭德瓦瑟高架橋，高架橋下是深邃的峽谷

034 五漁村火車
Cinque Terre Train

> 國家：義大利
> 車站：拉斯佩齊亞（La Spezia）—五漁村（Cinque Terre）的 5 個站點

穿越五彩小鎮的海岸之旅

世界遺產義大利五漁村分別為蒙特羅索（Monterosso）、維爾納札（Vernazza）、科康尼利亞（Corniglia）、馬納羅拉（Manarola）和里奧馬焦雷（Riomaggiore）。只要乘坐五漁村火車，你就能一連串欣賞到美麗的海岸線和繽紛多彩的村莊。

漁村區域位在義大利西北部，坐落在崎嶇的海岸線上，背靠著懸崖，面向利古里亞海（Ligurian Sea）。想在這五個漁村之間遊走，最便捷的方式是靠鐵路或水路，若是走之間相連的步道，需要更多的時間和體力，因此搭乘五漁村火車，是來這裡必要的活動之一，記得購買一或二日無限搭乘的火車卡。

火車全程約 20 幾分鐘而已，不要以為半日遊就能將風景看到飽，其實每個漁村各有不同的特色，最少要花整整兩天時間才能盡興而歸。

- **蒙特羅索**：是五村中最大的漁村，有一條長長的沙灘漫步道，兩旁有咖啡廳、餐廳和冰淇淋店，還有私人和公共海灘，喜愛海灘的遊客一定要在這裡住一晚。
- **維爾納札**：為最受歡迎的漁村，這裡充滿典型的利古里亞彩色房屋，走到村莊中心，可以俯瞰主廣場和風景如畫的港口。
- **科康尼利亞**：位在山上，四周被葡萄園和橄欖樹園所環繞，寧靜的環境非常適合喜歡大自然和健行的遊客。
- **馬納羅拉**：小港口前停滿了彩色小船，有很人喜歡在這裡做日光浴和跳水。若想要捕捉這些美景，走到一條叫做「愛之路」（Via dell'Amore）的小徑上，就能拍到這個村莊的完美畫面。
- **里奧馬焦雷**：日落時分是欣賞這裡風景的最佳時刻，因為夕陽的餘暉會投下美麗的橙色光芒在建築物上，推薦給想要尋找浪漫住宿地點的戀人們。

歐洲

義大利五漁村

035 聖露西亞火車站
Venice Santa Lucia Train

國家：義大利

威尼斯水都的浪漫之旅

聖露西亞火車站是威尼斯陸地上唯一的車站，於 1860 年開始營運。它建在聖露西亞修道院的原址，因而得名。它是義大利最繁忙的火車站之一，從這裡可以通往米蘭、佛羅倫斯、羅馬和那不勒斯等主要城市。離開車站走出去，可以乘坐水上巴士（Vaporetto）或貢多拉船（Gondola）前往威尼斯各個景點。

聖露西亞火車站不僅是威尼斯重要的交通樞紐，還提供了現代化的陸地交通設施，同時也將威尼斯獨有的水城魅力融入其中。

威尼斯位在義大利東北部、亞得里亞海（Adriatic Sea）的一個潟湖上，由上百個小島和水道組成，這些島嶼透過運河和橋樑相連，形成了城市獨特的水上交通系統。由於全球氣候變劇，海平面上升使得地面逐漸下沉，導致城市面臨洪水威脅。當地政府展開「摩西計劃」（MOSE Project），這是一項保護威尼斯，避免異常潮汐峰現象對城市造成破壞，技術上非常複雜和成本極高的大工程計劃。

這裡有一間世界上最美的書店之一——「沉船書店」（Libreria Acqua Alta），義大利文的意思是水位很高的書店。威尼斯經常發生高水現象（Acqua Alta），書店老闆為了保護書籍免受洪水損害，使用了各種漂浮裝置，如貢多拉船和浴缸，來擺放書籍。也就是說，水位一旦上升淹進書店，坐在小船上的這些書會浮在水面上。

威尼斯以其迷宮般的小巷和街道聞名，沒有迷路不算來過，聽說找到沉船書店並不容易，那就當做是一場探險吧。在這些小巷中漫步，探索城市深處隱藏的珍寶，也正是體驗威尼斯魅力的最佳方式。

聖露西亞車站

從車站出來可以搭乘
水上巴士，前往威尼
斯的各個景點

036 梵蒂岡鐵路
Vatican Railway

國家：梵蒂岡

世界上最短的鐵路

1929 年，梵蒂岡與義大利簽署了拉特朗條約（Lateran Treaty），規定義大利應在梵蒂岡城內建造一個火車站，連接到羅馬聖彼車站（Roma - San Pietro）附近，作為交匯點，以接入義大利鐵路網。

梵蒂岡，位於義大利羅馬市內，是全球天主教教會的核心，同時也是世界上最小的國家之一。儘管四周被義大利環繞，梵蒂岡卻擁有獨立的主權地位。

梵蒂岡鐵路系統堪稱世界上最短的鐵路之一，它僅包含兩條軌道、一個站點以及一個月台。整體路線僅有 0.68 公里，軌道長度為 1.19 公里。第一列火車於 1932 年 3 月進入梵蒂岡，這項建設目的在為教宗和梵蒂岡高級官員提供更便捷的交通方式，但不對一般遊客開放。

從羅馬聖彼得車站出發，列車穿越梵蒂岡的城牆，進入這個小國的領土。沿途，乘客可以欣賞到梵蒂岡花園的美麗景色，並在遠處欣賞到壯觀的聖彼得大教堂（St. Peter's Basilica）。列車緩緩進入梵蒂岡的核心地帶，最終停靠在位於聖彼得廣場下方的梵蒂岡車站（Vatican Railway Station）。這個小巧而精緻的車站不僅是梵蒂岡鐵路的終點站，也是前往梵蒂岡的主要入口之一。

這座火車站不像普通的商業火車站那樣繁忙，偶爾會有特殊的旅行或活動，只有限定的人員能夠乘坐列車進出梵蒂岡。

梵蒂岡從未僱用過任何鐵路工人，所有火車車廂和列車均屬於義大利鐵路。此外，有四位教宗曾經使用梵蒂岡鐵路，如果算上教宗若望二十三世將庇護十世的遺體運送到威尼斯，則共有五位教宗曾經搭乘這條特別的鐵路。

037 索列爾火車
Tren de Soller

國家：西班牙
車站：帕爾馬（Palma）的火車站—索列爾（Sóller）

搭柳橙快車探索馬略卡島

馬略卡島（Mallorca）位於西班牙東部的地中海中，距離北非摩洛哥約 250 公里，這座多山的島嶼擁有壯觀的山脈、金色海灘、茂盛的柳橙農場、翠綠的橄欖園和葡萄園，因而成為熱門度假勝地。其中，最受歡迎的景點之一就是歷史悠久的索列爾火車。

這列古老的木製火車最初建立的目的，是為了將索列爾的柑橘水果運送到帕爾馬。由於大山隔開了這兩個地方，當地人只好選擇用乘船方式運輸，因此需要花費好幾天時間。於是一位當地居民提出了用火車運輸的想法，但是成本過高，這個計劃一直被延滯，最終在 1912 年得以實現，成為馬略卡島上第一條現代化鐵路，親切的人們稱它為「柳橙快車」

如今，這條鐵路不再承擔農業運輸的任務，也不再以蒸汽動力運行，但是仍然保留著懷舊的外觀，帶有木製飾板和黃銅把手。搭乘這列柳橙快車只需約 1 小時，乘客能以悠閒的速度探索美麗的特拉蒙塔納山脈（Sierra de Tramontana）。

旅程從帕爾馬的西班牙廣場（Plaza España）出發，全程約 27 公里，路徑經過山脈、高架橋、橋樑和多座隧道。抵達索列爾時，務必品嚐當地新鮮的海鮮、地中海美食、橄欖油和馬略卡島的重要農產品——品質極高、甜美多汁的柳橙。從這裡，你可以搭乘有軌電車前往索列爾港，這個海濱度假勝地擁有絕美的海灘、漁港和多樣化餐廳，周圍還有豐富的自然景觀。

經過一個世紀的發展，索列爾火車從最初的農產品運輸轉變為發展旅遊業的重要工具，它已深植在馬略卡島民的心中，成為這座島嶼不可或缺的一部分。

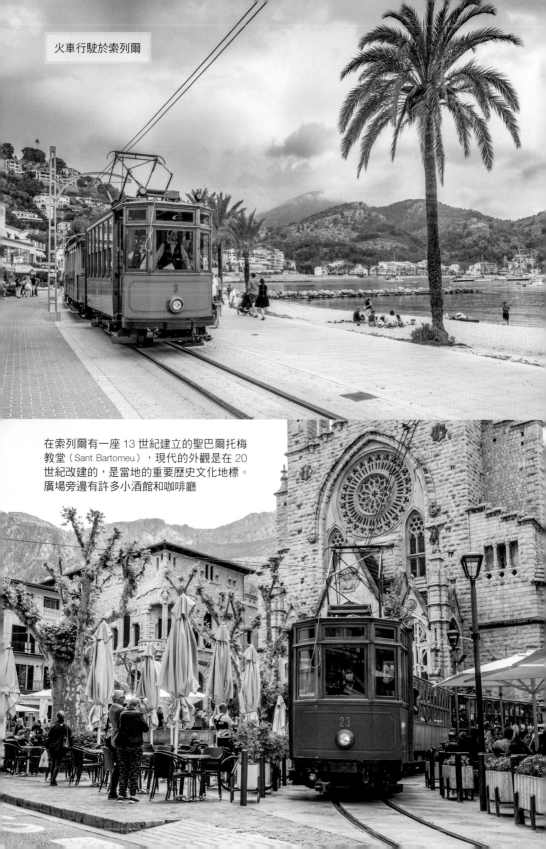

火車行駛於索列爾

在索列爾有一座 13 世紀建立的聖巴爾托梅教堂（Sant Bartomeu），現代的外觀是在 20 世紀改建的，是當地的重要歷史文化地標。廣場旁邊有許多小酒館和咖啡廳

038 杜羅線火車

The Douro Line

國家：葡萄牙
車站：波爾圖（Porto）—巴爾卡達瓦（Barca d'Alva）

杜羅河岸葡萄酒風情鐵道

　　杜羅線火車的路線主要是沿著杜羅河，河的沿岸遍布著葡萄酒莊園和傳統特色的村莊和小鎮。杜羅河生產葡萄酒有 2000 年歷史之久，被列為世界遺產。聯合國教科文組織說明這項決定的標準是：人類長期以來在環境塑造上扮演了重要的角色。他們採用傳統方法，將原本貧瘠的土地轉化成豐盛的樣貌，展現出人與自然共生的美麗景觀。

　　另一評選標準是，這裡完整呈現這地區人類種植葡萄歷史演進的全貌，以及留存許多古代或已消失文明的遺跡，例如羅馬人留下的石製酒池（Lagares）。在羅馬時代，石製酒池通常是由石頭或混凝土建造的大型容器，用於壓榨葡萄，以分離葡萄汁、葡萄皮和葡萄種子，並促使葡萄汁發酵成葡萄酒。這裡仍然有些人還在使用這些傳統設備和古老的釀酒方式。

　　這條路線於 1873 年建立，全長 203 公里，坐在舒適的車廂裡，無疑是欣賞這片地區景觀的最佳方式。從車上可見到山坡上遍布的葡萄園和梯田，倒映在河水中，形成美麗的倒影。火車在這種迷人背景下緩緩移動行駛，穿過一個個隧道和橋樑。

　　杜羅河生產的波特酒（葡萄牙語：Porto）是葡萄牙的國寶級酒款。它獨特之處在於，發酵的過程中加入高濃度酒精以中斷發酵，保留部分自然甜度並增加酒精度，所以波特酒的酒精度比較高也比較甜，適合當餐後酒，與乳酪、巧克力或堅果等食物一起搭配。

　　許多人選擇將杜羅線火車和杜羅河郵輪（Douro Cruises）結合在一起，這種組合讓遊客能從陸地和水上兩種不同的角度，完整欣賞這片葡萄牙國家最頂級及最古老的葡萄酒產區。

行經葡萄園的杜羅線火車

建議可以搭乘杜羅郵輪返程，沿著河流欣賞杜羅河的美麗風景

039 大屠殺列車
Holocaust train

國家：波蘭

第二次世界大戰的歷史列車

　　大屠殺列車的歷史令人震驚及悲痛。在幾年內，數百萬人被囚禁、強迫勞動和殺害。納粹的最初目標是強迫猶太人離開歐洲，但後來轉向大規模滅絕計劃。為了實現這個目的，於是決定使用鐵路系統執行，虛假地藉用重新安置名義掩蓋真正的意圖。他們隱瞞了這個死亡之路的計劃，告訴猶太人要把他們送到勞動營工作，而不是處決。雖然有些人被運送到勞動營，但在 1942 年之後，絕大多數被送到奧斯威辛營（Auschwitz）和其他集中營。

　　這些火車以非人道方式運送那些無助的人們，車內擁擠、缺乏基本衛生設施，幾乎沒有提供食物和水。納粹會盡可能把更多的人擠進有限的火車空間中。一般車廂的容納量約 50 人，有時超過容納量的 200%，連站立的空間都有限，更別說移動甚至可以坐下來。因此，許多人在未到達目的地時已經死於飢餓、疾病或脫水。

　　被運送的人經歷了極為可怕的時刻。他們被擠在擁擠的車廂中，旅程的時間從幾小時到數天不等，密封的車廂裡，在夏天受到極端高溫的煎熬，在冬天則遭受嚴寒的折磨。最可怕的是，他們通常不知道自己要往何處，將面臨何種命運。我們不詳述關於集中營的生活環境，因為也是另一段極為悲傷的歷史。

　　大屠殺火車是第二次世界大戰期間最黑暗篇章之一，帶來了無數無辜生命的犧牲。它是納粹種族清洗政策中的關鍵工具，承載著無數家庭的悲劇，是大屠殺歷史中不可忽視的一部分。今天，許多集中營遺址保留了這些火車作為紀念和學習的素材，它教育我們要珍惜和平、尊重人權，並追求世界的和諧與包容。

歐洲

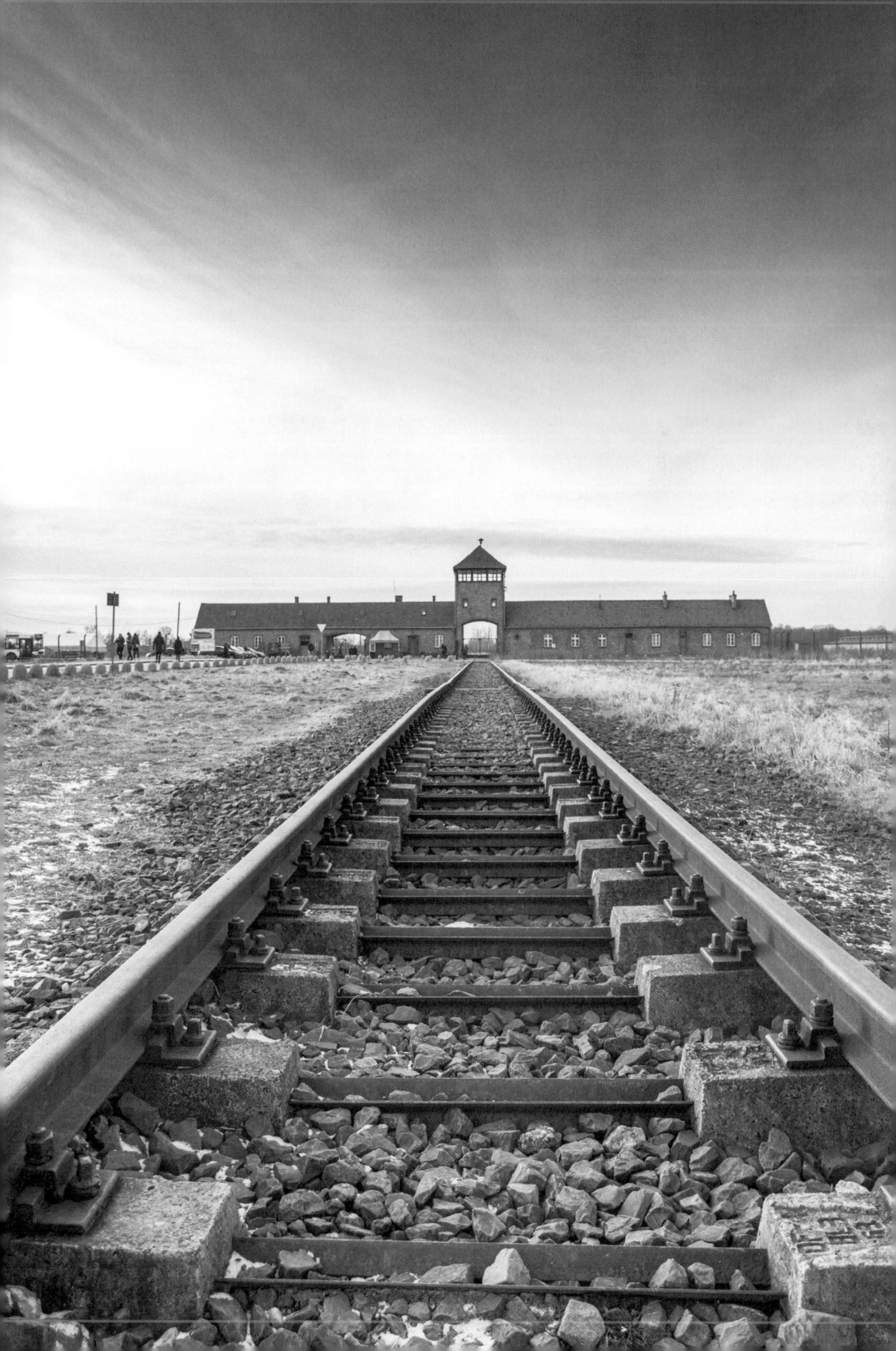

040 威尼斯辛普倫東方快車

Venice Simplon-Orient-Express

車站：有各種不同的路線，依路線而定的起始站和終點站

連接歐洲城市與東方的豪華列車

《東方快車謀殺案》是英國作家阿嘉莎‧克莉絲蒂（Agatha Christie）於 1934 年創作的推理小說，故事情節發生在威尼斯辛普倫東方快車上。小說的主角是比利時偵探，在火車上遇到了一宗謀殺案，隨後展開了他的偵探推理之旅，解開了一個複雜的謀殺之謎。由於小說很受歡迎，多次改編成電影，其中一些版本的場景忠實地呈現了東方快車的奢華和神祕氛圍。

東方快車在 1883 年，由比利時一位工程師創立，當時是一種連接西方歐洲與東方的奢華交通方式，在 20 世紀初吸引了來自歐洲和世界各地的貴族、名人和富豪。

現在的威尼斯辛普倫東方快車是 19 世紀東方快車的現代版本，在 1982 年購買多節 20 和 30 年代的臥鋪和餐車車廂，再由專家工匠精心修復。車廂內裝飾精美，融合了 20 世紀初的裝飾藝術風格和現代舒適性。每個車廂都設計得非常舒適且私密，提供極緻的休息空間。

列車上的頂級廚師以新鮮食材烹飪美食，用餐的環境優雅，餐具和布置都充滿極致奢華感。此外，列車上的酒吧提供各式各樣飲品。為了保持傳統的優雅氣氛，晚餐須著正式服裝，讓乘客仿佛回到了過去的黃金時代，享受奢華典雅的氛圍。

列車的熱門停靠點有威尼斯、巴黎和伊斯坦堡等城市。伊斯坦堡位於歐、亞二大洲的交界處，曾經是拜占庭和鄂圖曼帝國的首都，因此保留了許多古老的建築和文化遺產。

威尼斯辛普倫東方快車的每一條路線，都能讓旅客深入體驗歐洲多樣的風貌，感受黃金時代的奢華與歐洲文化的優雅。這些珍貴的時刻和回憶，將永遠伴隨著你。

歐洲

VENICE SIMPLON~ORIENT~EXPRESS

BARWAGEN

N° 36

抵達伊斯坦堡時，一定要參觀
藍色清真寺（Blue Mosque），取
名藍色不是因為外觀，而是因
內部的藍色瓷磚而聞名於世

041 西伯利亞鐵路

Trans-Siberian Railway

國家：俄羅斯
車站：莫斯科（Moscow）—符拉迪沃斯托克（Vladivostok，舊名海參崴）

跨歐亞大陸，世界最長的鐵路線

西伯利亞鐵路是世界上最長的鐵路，總長超過 9,289 公里，橫貫整個俄羅斯，從西邊的莫斯科出發，穿越西伯利亞，最終抵達遠東地區的符拉迪沃斯托克。其建設歷時 13 年完工，於 1916 年全線貫通。這個鐵路工程被視為俄羅斯重要的國家工程和交通動脈，截至 2021 年，仍在不斷擴建和現代化改進。

西伯利亞鐵路並非單一的鐵路線，而是一個龐大的鐵路網絡，連接著中國、蒙古和北韓等國家的鐵路線。單程乘坐整條鐵路需要大約 7 天的時間，這列火車專為長途旅行的乘客設計，但不要期望在火車上有夜店、娛樂設施或美食。另外，一般西方旅客較喜歡由西往東行的路線。

火車服務全程以莫斯科時間為主，即使時刻表會同時標示當地時間，旅客還是需要注意時區的轉換，以避免時間上的混淆。

西伯利亞鐵路的特色包括：

- **連接兩大洲**：將歐洲和亞洲的鐵路網絡連接起來，是國際貿易和旅行的重要通道。
- **跨越時區**：穿越八個時區，為旅客帶來獨特的時間體驗。
- **多樣化風景**：旅途中可以欣賞到烏拉爾山脈（Ural Mountains）、西伯利亞平原（Siberian Plain）、貝加爾湖（Lake Baikal）等自然奇觀等。由於旅程漫長，建議你準備足夠的食物、水和娛樂讀物。

夏季是旅遊高峰期，尤其是暑假期間。秋季是人少且氣溫宜人，適合觀賞沿途的秋色。冬季則是適合前往貝加爾湖玩冬季活動。你當然可以一路玩到底，但建議你可以選幾站下車逛逛，這樣可以增添點旅行樂趣，因為俄羅斯有太多值得一看的地方，錯過會很遺憾。

停靠站喀山（Kazan）旁，克林姆林宮內的庫爾・謝里夫清真寺（Kul Sharif Mosque）

042 貝加爾湖環湖觀光火車

Circum–Baikal Railway

国家：俄羅斯
車站：斯柳江卡（Slyudyanka）—庫爾圖克（Kultuk）

探訪西伯利亞藍眼睛人間仙境

貝加爾湖位於俄羅斯南西伯利亞，靠近蒙古邊界，是世界上最古老和最深的淡水湖，湖中擁有多種特有的動植物種和清澈的水質，因此被列為世界自然遺產。據說古代西漢所稱的「北海」，就是現在的貝加爾湖，當時一位忠誠的外交使蘇武被匈奴流放到北海去牧羊。這裡冬季漫長且極寒，嚴冬時期湖面會完全結冰，冰層厚度可達 1 公尺以上。

環貝加爾湖鐵路原是西伯利亞鐵路的一部分，後因新路線的建設和技術的發展，獨立轉為觀光鐵路。它在 1917 年前被稱為「俄羅斯鋼鐵腰帶上的金扣」，扣子的意思是，它連接了被貝加爾湖分隔的西伯利亞鐵路，而「金」則是因為它的工程建設成本高於當時俄羅斯所有的鐵路。

整條環貝加爾湖鐵路沿線有不少亮點，其中之一是奧利洪島（Olkhon Island），它是貝加爾湖中最大的島嶼，湖面結冰時可以開車過去。島上主要住著蒙古族布里亞特人（Buryats）。這裡也是薩滿教的聖地，融合了藏傳佛教的元素。島上流傳許多神話傳說故事，遊客到此探訪時，能感受到這些故事和信仰對當地社會的深遠影響。

另一亮點是「義大利擋土牆」，由義大利工程師設計和建造，因得此名。主要功能是防止鐵路沿線的山體滑坡和土壤侵蝕，保障鐵路安全。在當時是最先進的工程技術，尤其是應用在極端氣候和複雜地形環境中。

只有親臨貝加爾湖，才能真正體會到它的原始之美。這片被譽為「西伯利亞的藍眼睛」的湖泊，許多人視為神祕的人間仙境。而它總是慷慨地展現多變而迷人的風貌，給每一位賞識它的人。

043 北京至莫斯科火車

Beijing to Moscow Trains

> **國家**：中國、蒙古國、俄羅斯
> **車站**：中國北京車站—莫斯科雅羅斯拉斯基車站（Yaroslavsky Railway Station）

穿越亞歐大陸三國的長途列車

搭北京至莫斯科火車，可以欣賞到三個國家的不同樣貌，沿途的草原、戈壁沙漠、貝加爾湖以及俄羅斯鄉村的景色。每天都可以透過車窗看到不同的景色。

北京—烏蘭巴托（Ulaanbaatar）—莫斯科（Moscow）

自 1954 年 1 月 31 日正式營運以來，這趟列車不斷升級，提供更快的速度和更舒適的旅行環境。目前有兩條路線，較短的路線全長 7,622 公里，從北京經過蒙古烏蘭巴托（Ulaanbaatar），一般大約需要六天的時間；較長的路線全長 8,961 公里，往東北哈爾濱方向，經過俄羅斯遠東地區的一個城市赤塔（Chita），再向西到達莫斯科，雖然比經過蒙古的路線多花一天的時間，優點是不用辦理蒙古國家的過境簽證。

不管你是選擇途經蒙古的路線，還是往東北方向更長途的路線，搭乘這趟列車的所有旅客們都能用慢節奏的方式探索和欣賞三個國家的自然之美和文化多樣性。建議你，下車後一定要親自體驗當地的風土人情，這樣才能真正感受這些迷人國家的真實面貌。

蒙古國烏蘭巴托附近

ПЕКИН — УЛАН-БАТОР — МОСКВА
北 京 — 乌兰巴托 — 莫斯科
БЭЭЖИН — УЛААН-БААТАР — МОСКВА

044 北韓新義州到中國丹東火車
Sinuiju to Dandong Railway

國家：中國、北韓
車站：北韓的新義州—中國的丹東

連接北韓與中國的國際列車

北韓新義州到中國丹東火車是少數進出封閉的北韓的通道之一。搭乘這條路線的旅客們可以享受到人生從未有的兩種體驗，第一種體驗是，所有的乘客在 100% 完全放鬆的環境下，可以專心看窗外的風景，或是安靜的閉目養神，因為沒有手機和網路的干擾。第二種是體驗北韓領導人曾坐這列火車來到北京，進行國際訪問中國領導人的這段路程。

鐵路建設始於 20 世紀初期，最初是為了促進日本與朝鮮半島以及中國東北地區之間的貿易和資源運輸。然而在南北韓分裂後，這條鐵路變成在兩國關係中占了重要的位置。對於北韓來說，這條鐵路是與外界的主要連接通道之一，尤其是與中國之間的貿易極為重要。

由於北韓的國際孤立地位，這條鐵路常受到北韓的政策、國際壓力以及兩國外交關係的影響，時不時啟用或關閉。所以從這條鐵路的運行狀況，可以看的出兩國之間的政治和經濟關係。

這條鐵路提供客運和貨運的服務。中國人民可以在新義州下車，再轉往其他地方進行下一段旅程。需特別注意，火車的時刻和運行狀態可能因當前的政治情勢有所變化。乘客和貨物的邊境檢查相當嚴格，要搭這條鐵路線的人，一定要遵守相關的法規和程序。

新義州位於北韓西部，座落於鴨綠江的南岸，與中國的丹東市隔江相望。而二岸之間和跨國橋樑的中朝友誼橋（又稱為鴨綠江大橋）是一座鐵路和公路兩用橋，火車和汽車皆可通行。

總之，北韓新義州到中國丹東火車不只是承載人和貨物的交通工具，同時它也是過去歷史事件的見證者和未來國際情勢變化的重要指標。

亞洲

停靠在新義州車站，
準備開往丹東

遭受戰爭破壞的舊橋稱
為鴨綠江斷橋，是丹東
市的觀光熱點

045 青藏鐵路
Qinghai-Tibet Railway

國家：中國
車站：西寧市—拉薩

最接近天空的淨土之路

青藏鐵路是世界上最高的鐵路，位於西藏自治區，海拔高達 5,068 公尺的唐古拉站，是世界上最高的鐵路車站。這條鐵路全長約 1,956 公里，其中有 960 公里的路段位於海拔 4,000 公尺以上，連接了中國內地和西藏地區，成為欣賞高原風光的絕佳觀景途徑。

建設青藏鐵路與乘坐這趟列車的過程一樣，旅途中充滿了挑戰及成就感。工程團隊面臨著極端氣候、高海拔、複雜的地質條件等一連串難題。儘管如此，這條鐵路最終成功建成，為人們提供了一條探索聖山的重要通道。

以下是一些青藏鐵路沿途的主要景點：

- **青海湖**：中國最大的鹹水湖。
- **崑崙山脈**：有人説像是一條通往天際的神祕道路。
- **唐古拉山口**：青藏鐵路的最高點。
- **可可西里自然保護區**：這是一個未受人類活動影響的野生動物保護區，也是許多稀有動物的家園，包括藏羚羊。
- **那曲地區**：這裡是典型的高原草原風光，是觀賞藏北草原和高原湖泊的絕佳之處。
- **拉薩**：西藏的政治、經濟和文化中心，著名的布達拉宮在此地。

青藏鐵路的車廂有特別設計的氧氣供應系統，以應對高海拔地區的環境。這個系統有兩套：一套是一般氧氣供應系統，進入高海拔地區時，會自動增加車廂內的氧氣含量。另一套是在緊急情況下，每個車廂配有氧氣供應管及獨立的氧氣吸入器，以確保乘客在需要時獲得足夠的氧氣。

有人説一生一定要去一次西藏，那就讓青藏鐵路帶你前往那個擁有聖城、神山、如明鏡般湖面，以及離天空最近的淨土之地，好好感受天地之間那份無瑕的純淨之美。

列車穿越崑崙山脈，行
駛在可可西里無人區上

046 京釜線
The Gyeongbu Line

國家：韓國
車站：首爾（Seoul）—釜山（Busan）

連接首爾和釜山的主要鐵路

京釜線是韓國高速鐵路 KTX 網絡中的一條主要路線，也是韓國最重要、最繁忙的鐵路線。京釜線全長約 441.7 公里，沿途經過水原、大田和大邱等多個重要的城市。

京釜線於 1899 年開始建設，1905 年正式開通。在日本統治朝鮮時期，它是重要的基礎設施項目之一，以藉由它加強日本對朝鮮半島的控制。在韓戰期間，用於運送部隊及物資到前線，因此成為戰爭攻擊的目標，多次遭受破壞。戰後，修復京釜線成為重建國家基礎設施的優先事項之一。這條南北縱貫線，見證了韓國從農業社會走向工業社會，從被戰爭摧殘到現代化高速發展的轉變。

釜山是韓國第二大城市，位於朝鮮半島的東南部，毗鄰日本海（在韓國稱為東海）。1950 年爆發韓戰的初期，多數領土落入敵手之中，釜山是少數幾個未被占領的大城市。因此，它成了大量平民的避難處，政府將官方機構及總統遷移到釜山，這段時間釜山成為臨時首都。

這座海港城市，擁有美麗的海灘及海鮮美食，吸引不少美食家前來探訪。每年，釜山都會舉辦亞洲最重要的電影盛會——釜山國際電節，匯聚了世界各地的電影製作人和影迷。

如果想一覽釜山的海岸線，可以乘坐海雲台藍線公園（Blueline Park）空中膠囊列車，它鮮豔多彩、可愛的車型外觀十分受歡迎。搭乘這趟列車，遊客可以從空中俯看釜山的海岸，有別於在陸地上的視角和感受。

鐵路線就像是一部活生生的歷史，承載著一個國家的記憶和文化身分。已了解釜山和京釜線近代簡史的旅客們，前來釜山的時候，務必好好體會韓國是如何在動盪與變革中成長和進步。

StockStudio Aerials / Shutterstock.com

亞洲

釜山海雲台的空中膠囊列車

047 **SL 山口號**

SL Yamaguchi

> **國家：**日本
> **車站：**JR 新山口站—津和野站

人稱貴婦人的日本蒸汽火車

　　山口線是一條位於日本山口縣的鐵路線，而 SL 山口號是在這條線上運行的一列蒸汽火車。這列車的美麗黑色堅固鐵外殼，給 SL 迷留下了深刻印象。即使不是鐵道迷，只要聽到 SL 山口號汽笛聲響和看到一道蒸汽和白煙，也能讓人瞬間心跳加快，仿佛回到日本明治、大正、昭和的懷舊年代。

　　運行歷史：SL 山口號於 1937 年運行，隨著鐵路現代化在 1973 年停駛，但在各界 SL 迷的強烈要求下，於 1979 年復駛，至今已運行 40 多年。這列火車曾以被暱稱為「貴婦人」的 C57 型 1 號火車頭作為動力牽引，但因過於老舊，於 1984 年引退，現保存於京都鐵道博物館裡。自「貴婦人」退役後，SL 山口號經歷了幾次更換火車頭，直到 2017 年，D51 形 200 號火車頭正式接替為新動力，自此開始為這輛古老的列車開啟另一章節。

　　車廂：SL 山口線有五節不同風格的車廂，其中一節是綠色商務車廂，設有觀景台。其餘為普通車廂，但外觀和內部裝潢都具有復古風格，復刻戰前戰後時期的蒸汽火車內部造型。外表雖然復古，車內設備可是最新型，有冷氣、自動門、免治馬桶座、電源插座和行李放置空間等，讓乘客能舒適地享受懷舊鐵道之旅。

　　重要站點：新山口站是山口縣的重要交通樞紐，連接著多條鐵路線。遊客通常會乘坐新幹線到達新山口站，然後轉乘 SL 山口號。到達津和野站後，火車會進行方向轉換，乘客可以站在轉車台廣場觀看這一精彩過程。

　　人稱「山陰的小京都」的終點站津和野，為這段旅程畫上了完美的句點，但古老又美麗的它，也同時讓人開啟另一段全新的探索之旅。

亞洲

「山陰的小京都」津和野的太鼓谷稻成神社

048 九州七星號

Seven Stars

國家：日本
車站：提供多種不同的行程選擇，起點和終點站依路線而定

把旅行提升到藝術品境界

九州七星號是一項高端的旅遊產品，其名稱源自於列車跨越九州的七個縣份：福岡、佐賀、長崎、熊本、大分、宮崎、鹿兒島，象徵著九州地區的多樣性和獨特的魅力。旅程內容包含七大亮點：自然美景、歷史文化、職人精神的美食、溫泉、藝術工藝、人情味、奢華體驗等。列車有七節車廂，每節車廂配有豪華套房、隱密性高的觀景區等。

九州七星號的服務團隊精通各項服務技能，侍酒、端菜、清潔以及無微不至的接待。他們能夠根據不同情況靈活切換角色，做到每項服務達到世界最高標準。

在九州七星號上，美食的體驗是最重要的一部分。列車邀請知名餐廳的主廚，使用九州各地的新鮮食材，親自在車上製作餐點。例如，福岡壽司名店「山中」的主廚坐鎮火車現捏壽司。這種細緻入微的飲食安排，讓每一餐都成為味覺的饗宴。同時，這也深切體現日本職人精神以及對細節的堅持，將旅行提升到藝術品境界的超能力。

九州七星號的行程經過精心策劃，目的是讓旅客充分體驗九州的的文化特色。從古老神社和寺廟到自然景觀，每一站都充滿驚喜和新發現。七星號定期舉辦特色活動和主題之旅，如地方節慶或是與當地藝術家的交流，增添旅程的趣味性和互動性。

旅程中的主要景點包括由布院的溫泉、阿蘇火山的自然景觀、長崎的歷史遺址、別府的地熱溫泉、宮崎的海岸風光、熊本城的歷史名城、佐賀的陶瓷工藝、鹿兒島的火山和海灣以及霧島的自然步道等。這些地方完全展現九州的自然美、豐富文化和歷史深度。

亞洲

左邊是知名的 SL 人吉觀光蒸汽火車，右邊是九州七星號

由布院車站位於日本九州大分縣，是一個知名的溫泉小鎮

049 三陸鐵道

Sanriku Railway

> **國家**：日本
> **車站**：里亞斯線（Rias）久慈站—盛站

三陸鐵道｜三陸鐵道官網

311 災後重建的主要推動力量

　　三陸鐵道是日本一家「第三部門」公司所經營，不屬於國有也非私營，而是由政府與民間共同出資成立的鐵道公司。2011 年 3 月 11 日發生的海嘯對日本東部海岸線造成了嚴重破壞，其中包括三陸鐵道的基礎設施。儘管面對逆境，三陸鐵道株式會社的管理層展現了堅定的重建決心。他們在 2014 年成功重啟營運，不僅恢復了地區的交通連接，還成為當地災後重建和觀光的主要推動力量，見證日本人在面對自然災難時的堅韌與毅力。

　　三陸鐵道沿著岩手縣的三陸海岸線運行（東北部靠太平洋的海岸地帶）。在冬季，列車車廂內部特別設置了榻榻米和日式暖桌，讓旅客在車上一邊欣賞美麗海景，一邊感受日本文化的魅力。

　　在三陸鐵道里亞斯線沿線，有幾個必遊景點：

- **久慈站**：久慈市是里亞斯線最北端的車站，以連綿的岩礁美景和盛產海膽而聞名。旅客可以在此品嚐著名的海膽便當。位於高處可俯瞰小鎮的巽山公園是沿海地區少有的賞櫻勝地。
- **宮古站**：附近的島嶼和海灘是適合探險和休閒的好去處。
- **釜石站**：這裡的鐵的歷史館和橋野鐵礦山非常值得一遊，尤其是橋野鐵礦山被列入世界遺產。

　　這條鐵道穿越了一座座留有深刻傷痕的沿海城市，讓我們看到在大自然力量面前，人類是多麼的脆弱。但同時，它也見證了人類之間的互助與團結，顯示出即使經歷困難和災難之後，人們仍有能力重新站起來。

亞洲

050 嵯峨野觀光鐵道

Sagano Romantic Train

國家：日本
車站：嵯峨站—嵐山站

體驗四季之美的嵐山小火車

嵯峨野觀光鐵道，因在京都嵐山，也被稱為「嵐山小火車」，是來到京都必遊的行程。

當登上復古風格的火車，那一刻起彷彿置身於一張深棕色調的照片中。隨著火車緩緩前行，窗外展開的是一幅大自然的全景畫布。這條鐵道全長約 7.3 公里，行程約 25 分鐘。沿途有絕美的風景——春天是精緻的櫻花盛開，夏季是綠野如茵，秋季是滿山火紅的楓葉，冬天則是被雪覆蓋的寧靜世界，每個季節都有不同的美景等待著遊客來探索。此外，還能欣賞到保津川的美麗景色。

保津川長約 16 公里，沿河的風景變化多端，陡峭的岩壁、涓涓流淌的河水、翠綠的山坡和歷史悠久的橋樑，處處展現出大自然的寧靜之美。當你乘坐嵐山小火車往下看時，可能會看到一些遊客正坐著保津川遊覽船穿越河道。這是一種古老的傳統木船，由經驗豐富的船夫操作，乘客可以一邊欣賞河畔美景一邊體驗急流的刺激。

嵯峨野觀光鐵道的懷舊設計本身就是一個吸引人的特點。其中部分車廂使用開放式無玻璃窗戶，提供乘客一個無障礙的觀景體驗。這種設計特別適合在溫暖的季節使用，讓乘客更加親近自然。列車有四個停靠站，分別是：嵯峨站、嵐山站、保津峽站、龜岡站，你可以選擇每一站都下車，步行探索周邊景點。

最初，嵯峨野浪漫列車是屬於 JR 山陰線的一部分，但在 1989 年被一條更快的新路線所取代，因此經過改造成為一條觀光列車路線。現在，這條列車以令人難以忘懷的景色和懷舊魅力而聞名，成為京都不容錯過的旅遊景點。

亞洲

浪漫的火車經過京都櫻花隧道

下方有遊客乘泛舟遊保津川

051 箱根登山鐵道

Hakone Tozan Railway

國家：日本
車站：鐵道線：小田原—強羅；鋼索線：強羅—早雲山

穿越山林繡球花間的山區鐵路

箱根登山鐵道位於神奈川縣，是日本最古老的高山鐵路之一，極具歷史意義。鐵道線分為兩段，第一段從小田原站到箱根湯本站，主要是服務通勤和地方交通需求。第二段則從箱根湯本站到強羅站，這段山區路線以陡峭的坡度和多次的 Z 型迴轉而聞名，是鐵道迷必訪之地。

乘坐箱根登山鐵道，旅客可以盡情欣賞隨季節變換的自然景觀。春天可見滿山的櫻花；夏季時，沿著鐵路盛開的繡球花，在夜晚燈光照明下顯得格外迷人；秋天則是繽紛的楓葉在紅、橙和黃色中交織成絕美的秋景；而冬季時而出現的雪景，則為鐵路旅行增添了一抹詩意。

箱根有什麼魅力呢？位於富士山附近的箱根是日本著名的溫泉度假勝地之一，擁有豐富的地熱資源，遊客可以在溫泉旅館中享受熱浴和戶外溫泉，放鬆身心。此外，還可參觀博物館和藝術展覽，欣賞當代和傳統藝術品，探索傳統的日本建築風格，品味當地美食和購物。箱根的多元的文化和自然美景，總能滿足不同遊客的需求和興趣。

為了充分體驗箱根，購買箱根周遊券是非常划算的。只要在使用期限內，可不限次數自由搭乘箱根地區八種交通工具——箱根登山鐵道、空中纜車、巴士及海賊船等，並享有許多商店及景點的折扣優惠。搭纜車可前往蘆之湖參加以富士山為背景的花火大會；搭船可以欣賞湖泊和富士山的美景。搭乘巴士則可輕鬆地前往各景點和溫泉區。

作為日本鐵道文化的重要象徵，箱根登山鐵道不僅推動了地區的旅遊和經濟發展，更成為探索箱根美麗自然之旅的絕佳方式。

witaya.ratanasrikulchai / Shutterstock.com

亞洲

蘆之湖上的紅色鳥居是箱根神社的地標

052 阿里山林業鐵路

Alishan Forest Railways

> **國家**：台灣
> **車站**：依據所選擇的路線有所不同，本線是嘉義站—阿里山站

探祕台灣高山的日出、雲海與神木

親愛的鐵道迷們，請準備好上車了！我們將帶著你們搭乘地球上最受歡迎的山區鐵路之一——阿里山林業鐵路。這條歷史悠久的蒸汽火車逾有百年的歷史，與神木、雲海、日出日落並列為阿里山奇景。這條鐵路在1912年由日本人建造，原用途是為了運輸珍貴的檜木。如今是台灣海拔最高的鐵路，吸引著無數的遊客前來，只為一睹獨特的風貌與自然奇景。

阿里山林業鐵路的本線從嘉義市區出發到阿里山站，其中一段因颱風受到重創而中斷營運15年，2024年7月6日才全線復駛。支線原有五條，其中兩條目前已停駛，僅剩三條維持正常營運：

- **神木線**：從阿里山站至神木站。
- **祝山線**：從阿里山站至祝山站，這條線路主要是供遊客觀賞日出。
- **沼平線**：從阿里山站至沼平站。
- **水山線**：已停駛。
- **眠月線**：因地震導致鐵路地基與隧道等嚴重損壞而停運。這條路線擁有多重景觀，坡度平緩，適合輕鬆行走，是遊客喜愛的健行路徑。

從曾是台鐵、糖鐵、林鐵三鐵共構的嘉義站啟程出發，強烈推薦你前往奮起湖站，這是最大的中繼站。在過去，當火車抵達這裡是中午用餐時間，於是促進了當地便當文化的發展，成為經過旅客必嚐的美食。最後，我們會抵達終點站的阿里山車站，同時，它也是三條支線的起點。

每一條支線都充滿了自然之美，隨時等著你來探索。在日出觀景台，你可以欣賞到360度全景的天空和山脈、山巒間翻滾的雲海。當走入被神木包圍的巨木棧道，別忘了要和一棵三代同株的老樹奇景合照。春季的櫻花鐵路為拍攝美照提供了完美的背景。如果錯過了櫻花季節，不用擔心，無論何時前來，阿里山都將以它多變的美景歡迎你。

阿里山林業鐵路最受
矚目的林鐵「31號
蒸汽火車」

053 統一火車

Reunification Express

國家：越南
車站：河內（Hanoi）—胡志明市（Ho Chi Minh City）

連接越南縱貫南北的鐵路

在二十世紀初，當時的法國殖民政府於 1936 年興建了一條鐵路。最初，這條鐵路稱為「北方鐵路」，是越南北部和南部之間的主要交通聯繫工具。然而，1954 年越南內戰導致國家分裂為北越和南越，同時也切斷了鐵路。直到 1976 年越南統一，鐵路才再度連接，並改名為「統一火車」。

許多人認為，想要快速了解越南，最簡便的方式就是搭乘統一火車。這列火車貫穿南北，從北部的河內到南方的胡志明市。縱橫越南全境，全程約需兩天。列車上設有供應餐點的車廂，同時也歡迎旅客攜帶自備食物上車。

河內城市充滿著悠久的歷史遺產，處處都可見博物館、寺廟和古老的建築，例如文廟、胡志明陵寢以及一些古老的街區。此外，你還能欣賞到傳統越南音樂、戲劇表演和美食。

路線沿途經過一些令人驚豔的風景區，其中包括寧平（Ninh Binh）的奇特岩石景觀，那些龐大的岩石從稻田中聳立而出；還有順化（Hue）到峴港（Da Nang）的沿海美景。峴港是越南中部地區的經濟樞紐、重要港口和熱門旅遊勝地。

最後一站是胡志明市，以前叫做西貢，是越南最大的城市。在越南戰爭期間，這座城市曾是美國支持的南越政府首都。然而，1976 年越南統一後，西貢成為了新的首都，並更名為胡志明市，以紀念越南共產黨的創始人胡志明。在這裡，你可以趁著這個機會，好好近距離觀察當地人生活，探索越南，發現這個美麗國家的魅力，並留下屬於你自己的故事。

前往峴港的風景

中越峴港巴拿山（Ba Na Hill），大佛二隻手支撐著黃金橋，俯瞰全景

054 竹火車

The Bamboo Train

國家：柬埔寨

徒手就搬得動的竹製列車

竹火車是柬埔寨西部馬德望（Battambang）一個非常有名的旅遊景點，建於法國殖民時期。這個火車的結構非常簡單，由竹子製成的一塊平台，放置在兩組車輪上，再將車輪直接安裝在鐵路軌道上，使用小型發動機驅動，運輸貨物和人員、牲畜。

在柬埔寨內戰期間，有人曾把竹火車前端當做前導掃雷車，坐在第一節車的人免費，第二節車則半價，儘管這麼危險，但仍極受歡迎。而且一開始沒有剎車設備，因收費低廉，班次依然很多，直到 2016 年才有剎車系統。

隨著鐵路逐漸升級，竹火車原有運行的軌道被現代化鐵路系統取代，於 2017 年停駛。於是，竹火車搬遷到巴南寺（Wat Banan）附近，於 2018 年一月開始營運。巴南寺沒有吳哥窟有名氣，但它是典型的高棉建築風格，寺廟由五個高聳的塔樓組成，遊客需要爬過 300 多級台階才能到達山頂的寺廟，雖然有些辛苦，但沿途和山頂上的景色絕對值得。

有人擔心搬到新地方的竹火車是否還保留原有的魅力，沒想到吸引了更多前來乘坐的外國遊客，為當地帶來一小筆觀光收入。這些人認為這可能是最後的機會，深怕這種簡單可愛的交通方式很快會從地球上消失。

竹子火車的速度約每小時 40 公里左右，沒有危險性。乘客沿途可欣賞當地的自然景觀和農田。路途中，若遇到反方向行駛的火車時，兩位司機會協商，讓沒有優先權的火車搬離軌道，另一輛則繼續前進，然後再把被擱置的火車重新放回軌道上。請看右圖中的照片，這個過程非常有趣，也就是為何會有很多觀光客前來體驗的原因。

Apik / Shutterstock.com

Keitma / Shutterstock.com

055 谷特高架鐵路橋

The Goteik Viaduct

> **國家**：緬甸
> **車站**：曼德勒（Mandalay）—臘戌（Lashio）

穿越緬甸的壯麗高橋

　　谷特高架鐵路橋於 1899 年開始建造，正值英國殖民時期，主要是為了提高交通和資源運輸的效率，進而擴展英國的統治和利益。於 1901 年正式開通，橋的長度約 689 公尺，當時建成時，它是全世界最高的鐵路橋，被視為一項工程奇蹟。

　　這座鐵路橋的設計來自倫敦，而其零件則是由美國賓州鋼鐵公司製造。這些零件運到紐約裝載到船上，經過數月的航行，最終抵達緬甸，然後不到一年，很快地橋樑便組裝完成。

　　之所以建造這座高架橋，主要是為了要橫跨峽谷，峽谷的地形險峻，兩邊是陡峭的山坡，中間是深谷。在這樣的地形上建造普通鐵路幾乎是不可能的，因此需要一座高架橋，橋的高度大約 102 公尺，膽小的人千萬不要坐。

　　鐵路線的起點曼德勒是緬甸第二大城市，緬甸華僑叫它「瓦城」。有些人可能會因為瓦城是一個泰國菜餐廳品牌而誤以為它位於泰國。值得一提的是，中國南明永曆帝朱由榔曾經流亡到緬甸王朝的首都阿瓦，而阿瓦位於曼德勒附近。

　　曼德勒有一個世界最長的柚木橋，長約 1.2 公里，已有 200 多年歷史，這座橋沒有用任何一根釘子，整體外觀看起來保持良好，但有人擔心木柱會腐爛，於是加了些混凝土。這裡的日落景色相當迷人，來到曼德勒，絕不能錯過這個景點。

　　走完曼德勒景點，接著搭乘鐵路前往臘戌。這趟旅程對於當地人來說是日常，但對於遊客來說，會是一場精彩的表演秀。經過高架橋時，記得將頭探出窗外，享受穿越高架鐵路橋帶來的腎上腺素飆升的刺激感受。

車上遊客往下觀看壯麗的景色

056 泰緬鐵路
Burma Railway

> **國家**：泰國
> **車站**：泰國的班蓬（Ban Pong）—緬甸的丹比扎亞特（Thanbyuzayat）

二次世界大戰時期的悲傷路

　　泰緬鐵路過去被稱為「死亡鐵路」。它是在第二次世界大戰期間，日本帝國為了軍事目的而建造的。當時的海上路線不斷受到盟軍攻擊，於是想建立一條陸路線，從泰國通往緬甸，以支援日本在緬甸戰役中的軍隊，並計劃進一步侵略印度。

　　那時印度革命領袖蘇巴斯（Subhas Chandra Bose）與日本合作，目標是要從英國手中奪回政權，只是沒有成功，他的努力在印度具有重要歷史地位，但與日本的合作卻一直存在著爭議。

　　在鐵路建設過程中，日本軍方強迫約 6 萬多名戰俘和約數十萬東南亞平民勞工，在非人道的條件下工作。這些勞工和戰俘面臨著惡劣的生活環境和殘酷的虐待，導致約數萬人在建設期間喪生。第二次世界大戰結束後，大部分的路段被拆除，只有泰國境內的前面 130 公里保留下來，至今仍有列車運行至南德站（Nam Tok）。

　　以這段悲慘歷史為故事背景的電影《心靈勇者》（The Railway Man），由柯林佛斯、妮可基嫚主演。1942 年，當時有數萬名英國人成為戰俘，邱吉爾稱之為「史上降臨於大英帝國的最大災難」。戰俘之一的男主角在日本控制下的勞工營中工作，遭受極端的折磨和苦難。死裡逃生多年後，發現對他虐待最嚴重的一名日本軍人（真田廣之飾演）仍然活著，於是決定面對過去的創傷。影片深入探討了戰爭、創傷症候群、寬恕的主題。

　　泰緬鐵路的建造歷史是一個令人痛心的故事，代表著二戰期間的苦難和犧牲。它現在是一個旅遊觀光地，但仍然具有極大的歷史和教育價值，遊客可以參觀博物館和墓地，以紀念那些在建設過程中失去生命的人們。

北碧府（Kanchanaburi）
的死亡鐵路紀念館

057 美功鐵道
Maeklong Railway

國家：泰國
車站：曼谷（Bangkok）—美功（Mae Klong）

穿越傳統菜市場的火車

美功鐵道總長 67 公里，以經過菜市場的這段路線而聞名。當火車經過時，市場的攤販會迅速地收起他們的商品和遮篷，待火車通過後再迅速恢復原狀，這種奇特景象吸引了大量遊客前來觀賞。

美功鐵道還有很多獨特之處：（一）它是獨立的鐵路線，沒有與其他鐵路線連接在一起。（二）最初是為了從漁港運送海鮮和其他商品到曼谷，為私營鐵路，在 1950 年代，政府收為國有化，轉型為客運。（三）整條路線分為兩段，兩段之間需要花五分鐘時間，乘船過河轉乘。第一段每天有 17 班車，渡河過去的第二段只有 4 班車，而美功車站位在第二段的終點站，所以要搭乘整段的旅客必須計算好二段之間最小化的換乘時間，包含渡河時間。

美功車站的菜市場，當地人叫它「折疊傘市場」（Talad Rom Hoop），許多外國遊客戲稱為「冒著生命危險去買菜的市場」，其實它一點都不危險，火車進站和離站的速度超慢。

折疊傘市場只是一個普通的菜市場，營業時間從早上 6 點到晚上 6 點。許多攤位設在鐵軌兩旁，整條長度約 100 公尺，為了免受陽光照射，攤販們將折疊傘立在鐵軌旁，顧客自然而然就會走在鐵軌內進行選購。不過，當列車到站的信號響起時，他們會趕緊收起遮陽傘和帆布，並清除所有可能阻礙列車運行的物品。等列車通過後，又再次打開傘和帆布，物品也就再放回原來在鐵軌旁的位置。

這種場景對當地人來說很正常，但對遊客來說，都感到十分驚奇和興奮，可說是世界獨有的買菜路線。把火車離開和抵達都算入的話，一天總共有八次。

fokke baarssen / Shutterstock.com

當火車駛入菜市場，遊客們紛紛拿起手機拍下這個奇景

058 曼谷到清邁火車
Bangkok Chiang Mai Railway

國家：泰國
車站：曼谷（Bangkok）—清邁（Chiang Mai）

泰國的經典鐵路之旅

曼谷往返清邁之間的距離並不近，有搭乘飛機或火車的選擇，如果你想在泰國體驗坐火車，或是預算有限，選擇這條有夜間臥鋪的火車可節省一晚住宿費，還能讓你在清晨抵達目的地，擁有整天的時間去探索曼谷的現代與傳統建築，以及清邁的自然景觀。

從曼谷華蘭蓬火車站（Hua Lamphong Railway Station）出發，該站位於市中心，是泰國最大的火車站之一，也是許多國內火車線路的起點。這段鐵道全長約 693 公里，時間約 10 至 13 小時，由於車上的空調通常偏低，記得帶件保暖的外套。

搭日間班次的好處是你可以欣賞沿途的田野、叢林、山脈和鄉村景觀，這種視覺享受是夜間旅行無法提供的。還有，可以體驗當地文化，例如停靠某些站時，當地人會上車或掛在火車窗外出售當地食物，如煮蛋、烤肉串、泰式炒麵等各種食物，這些食物通常比車上提供的食物更豐富。此外，安全感也是一個考慮因素，有人認為在睡眠期間需要特別留意自己的行李和個人物品。而夜間班次則可節省住宿費用，並充分利用時間在目的地觀光，同時體驗泰國鐵路文化。

乘坐這趟火車可以感受到泰國二大都市不同的魅力，一是泰國首都曼谷，一個傳統與現代文化融合的都市。二是清邁，一個遠離都市喧囂，提供放鬆環境的城市。如果你正在計劃一趟泰國之旅，從曼谷搭乘火車前往清邁不僅安全又經濟，同時也是探索泰國豐富文化的絕佳途徑。

เชียงใหม่
Chiang Mai

清邁車站，火車正要前往曼谷

此生必訪的清邁萬人天燈節

059 亞洲東方快車
The Eastern & Oriental Express

> **國家：**新加坡、馬來西亞、泰國
> **車站：**新加坡烏蘭車站（Woodlands Train）—泰國華蘭蓬車站（Hua Lampong Railway Station）

跨越東南亞三國的奢華列車

亞洲東方快車是一條奢華列車路線，連接新加坡、馬來西亞和泰國。這趟列車從新加坡的現代城市出發，穿過馬來西亞的熱帶雨林，最後抵達泰國的古老寺廟和寧靜田野。

1991 年，馬來西亞和泰國的鐵路公司簽署了一項協議，讓這列火車不中斷行駛整條路線，乘客再也不需要中途換車。為了打造這趟豪華之旅，一列火車從紐西蘭運送到馬來西亞，並進行全面的改造和升級。

亞洲東方快車是東南亞規模最大的客運列車，它由 22 節車廂組成，延伸近半公里長。這趟列車的特色之一是穿著當地傳統服飾的乘務員，他們隨著列車穿過不同國家，為旅客提供貼心的服務。

旅程從新加坡開始，在裝飾著馬賽克的藝術車站建築出發。列車的內部設施包括豪華的臥鋪車廂、餐車、酒吧車和觀景車，裝潢非常考究，布局精美，融合了古典的魅力和當地的文化元素。

行駛途中，列車穿行寧靜的馬來村莊與椰子樹等鄉村景觀，夜晚則在吉隆坡美麗的摩爾式（Moorish）車站暫停。在此，乘客可以下車探索當地。同時，車廂在夜晚變為舒適的臥室，為第二天的旅程做好準備。

抵達北海（Butterworth）後，可以探索檳城當地的寺廟、繽紛多彩的市場和文化。接著，列車繼續前往泰國，途中會經過二次世界大戰時期由戰俘修建的桂河大橋（Bridge on the River Kwai），這個地標同時也是得到七項大獎的奧斯卡同名電影的題材來源。這趟東南亞之旅最終會在曼谷結束，為旅程畫上完美的句點。

曼谷華蘭蓬火車站

火車內的餐廳車廂

060 大吉嶺喜馬拉雅鐵道
Darjeeling Himalayan Railway

國家：印度
車站：西里古里（Siliguri）—大吉嶺（Darjeeling）

喜馬拉雅山坡的老鐵路

大吉嶺喜馬拉雅鐵路在英國統治印度時期建立，現由印度鐵路公司經營，並於 1999 年被列為世界遺產。這條鐵路於 1881 年全線完工通車。由於其極窄的軌距，僅為 610 公釐寬，比台灣阿里山林業鐵路的 762 公釐還要小，因此被稱為「玩具火車」。

大吉嶺位於印度東北部，靠近尼泊爾，座落於喜馬拉雅山脈的南坡，海拔約為 2,042 公尺，因此擁有涼爽的氣候，是炎熱地區的避暑勝地。由於這裡的高海拔山區氣候和肥沃的土壤條件非常適合種植茶葉，因此賦予了大吉嶺茶葉獨特的風味和品質。

大吉嶺茶葉以其細膩的口感、花香和果香味而聞名，而且帶有一種特有的風味是其他地區的茶葉所沒有的。由於茶區範圍不大，產量有限，這使得大吉嶺茶葉成為一種稀有且珍貴的商品。

當你來到這個優美的山區車站，可以先搭乘「玩具火車」欣賞沿途美景，再來是參加茶園導覽。導遊會帶著大家參觀茶園，講解茶葉的種植、採摘和處理過程。你將認識大吉嶺茶葉文化的歷史、不同茶葉品種的特點以及如何鑑別高品質的茶葉。導覽結束後，品嚐新鮮沖泡的大吉嶺茶葉，同時可購買一些茶葉作為紀念品或伴手禮。大吉嶺紅茶的沖泡方法如下：

- **預熱茶壺**：先用熱水預熱茶壺，有助於保持茶的溫度，使茶葉更好地釋放風味。
- **茶葉計量**：每 200 毫升水使用約 2 克茶葉，可根據個人口味調整。
- **水溫調整**：使用攝氏 85 至 90 度的水，避免使用沸水。
- **沖泡時間**：讓茶葉浸泡 3 至 5 分鐘，根據個人喜好調整濃度，建議不要回沖。

遵循這些簡單的步驟，你就能品嚐到一杯香醇的大吉嶺紅茶。

亞洲

Rashibhari Dutta / Shutterstock.com

Rashibhari Dutta / Shutterstock.com

061 大君列車
Maharajas' Express

國家：印度

印度王者的奢華列車

如果你對過去印度皇室的豪奢生活方式有所嚮往，那麼現在有一個千載難逢的機會，可以讓你像印度皇室一樣，享受著榮華富貴的生活，同時探索印度最壯觀的景點。大君列車提供四種精心設計的旅程，區域範圍主要集中在拉賈斯坦邦（Rajasthan）地區，這四種行程分別是文化遺產、印度全景、印度輝煌和印度珍寶，行程時長從四天到七天不等。

拉賈斯坦邦省曾是印度歷史上許多王朝的政治和經濟中心，擁有豐富的歷史和文化、數處世界遺產、美麗的湖泊、壯觀的堡壘和宮殿、自然景觀以及多樣化的美食等，因此，大君列車上的每一站和景點都是經過精心挑選出來的，其中包括：

- **比卡內爾（Bikaner）**：也稱為駱駝之國，周圍有大片的沙漠。
- **齋浦爾（Jaipur）**：因建築大部分為粉紅色，被稱為「粉紅城市」，以精湛和華麗的手工藝品而聞名。
- **焦特布爾（Jodhpur）**：在這裡，藍色代表神聖和幸運，許多房屋塗成藍色，也稱為「藍城」，有個知名景點梅蘭加爾城堡（Mehrangarh Fort）的高處可以俯瞰整個城市。
- **烏代浦（Udaipur）**：有印度威尼斯稱號，知名景點湖上皇宮飯店，位在小島上，曾經是王室的夏季行宮。
- **倫塔波爾（Ranthambore）**：是孟加拉虎的棲息地，可以在這裡進行野生動物冒險之旅。

整個旅程中，乘客將享受到像王者般的尊貴待遇，從豪華住宿、美食到酒吧、餐廳、圖書館和 SPA 等休閒設施，每一項服務都展現了奢華和舒適。列車的服務團隊對每個細節都特別關注，因為他們知道為乘客提供王者般的尊榮體驗和周到的服務是多麼重要。

亞洲

烏代浦的皮丘拉湖（Lake Pichola），遊客可以乘船遊覽湖泊，欣賞城市的美麗風景

062 尼吉里登山鐵道

Nilgiri Mountain Railway

國家：印度
車站：梅圖帕拉耶姆（Mettupalayam）—奧提（Ooty）

穿梭於南印度茶園的高山列車

尼吉里登山鐵道因車輛小小的像玩具一樣的外觀，有人用「玩具火車」來稱呼它。在 2005 年被列為世界遺產，提升了它的國際知名度。這條鐵路在 1854 年開始計劃，但決策者花了 45 年的時間克服繁文縟節的程序後，才終於在 1899 年完工。鐵路全長約 46 公里，從海拔 330 公尺的山腳爬升到 2,200 公尺的高原上，平均坡度約為 1 比 24.5，該段共有 16 座隧道、250 座橋樑，其中 32 座是主要橋樑，15 座是道路橋樑。

許多遊客對於這輛火車的緩慢運行速度慢到覺得很好笑，甚至想要下車跟火車一起慢跑。但在以前的年代，前往山區旅行的人們必須依靠騎馬、坐牛車、人力轎子才能到達。所以建議你就想像自己坐在馬車上，旁邊有美食和飲品一路相伴，悠閒地前進，多麼清閒啊！

不管這世界發生什麼變化，尼吉里山脈始終保有原始的魅力。沿途有有多變的自然景觀：高聳的竹林、陰暗潮濕的雨林在陽光閃爍的光芒下玩著捉迷藏遊戲、令人驚心動魄的懸崖巨石、深邃的山谷等。當火車攀升時，可以俯瞰到低地的景色，還能看到頭頂上的巨大山體、茶園的全景、山坡上的梯田以及雄偉的尤加利樹林和古色古香的巴達加村莊（Badaga Village），以及穿著古裝的奧提小火車站。

就算座位狹窄擁擠了點也不會在意，因為這趟旅程就像是觀看一部漫長的電影一樣，而且一路上充滿著刺激。現在這條鐵路增設了一些現代化配備，旅程變得比較舒適了。10 月至 6 月的涼爽季節是最適合到奧提觀光的時候。在這裡，可以參觀茶廠，了解茶葉的製作過程，並啜飲新鮮的茶或者在山區小徑上輕鬆漫遊，享受大自然的寧靜。

亞洲

063 狄肯奧德賽鐵路

Deccan Odyssey

國家：印度

西印度的奢華鐵道之旅

2005 年推出的狄肯奧德賽鐵路，目的是在促進位於印度西海岸馬哈拉施特拉邦州的旅遊業。列車提供六條不同行程的路線：印度奧德賽（Indian Odyssey）、印度漫遊（Indian Sojourn）、馬哈拉施特拉輝煌（Maharashtra Splendor）、文化奧德賽（Cultural Odyssey）、遺產奧德賽（Heritage Odyssey）、馬哈拉施特拉野生之旅（Maharashtra Wild Trail），每條路線都能探索到印度豐富歷史文化遺產和多樣景觀。

由於篇幅有限，僅介紹馬哈拉施特拉野生之旅路線。這條路線從孟買（Mumbai）出發，然後經過的幾個知名旅遊景點，最後再返回孟買。整個旅程，乘客都能享受到一流等級的舒適設施、皇家級款待和豐盛的美食。這條路線的亮點有：

- **世界遺產阿旃陀（Ajanta）和埃洛拉（Ellora）石窟：**可以看到岩石雕刻，深入了解印度古代藝術文化。
- **葡萄酒之都那西克（Nashik）：**這裡是印度著名的葡萄種植區，可以品嚐當地製作的美味葡萄酒。
- **潘奇國家公園（Pench National Park）：**這裡有稀有的孟加拉虎、豹、麂、印度野牛和各種鳥類。公園內有廣闊的熱帶乾旱林、草地和多條河流，形成了多樣的生態環境，是野生動物的最佳棲息地。遊客可以在導遊的帶領下搭吉普車巡遊，親近自然和野生動物。
- **塔多巴虎保護區（Tadoba Tiger Reserve）：**這裡是老虎生態保護區，可以近距離觀賞瀕危大型貓科動物。還有其他如斑鹿、野豬和多種鳥類等野生動物。保護區附近提供從豪華度假村到森林宿營地的住宿選擇，可滿足各種遊客的需求。

狄肯奧德賽列車完美結合印度的文化遺產和高端旅遊，讓你能親身體驗印度的野生動植物和自然之美，同時享受奢華列車的旅行。

亞洲

DECCAN ODYSSEY

डेक्कन ओडिसी

馬哈拉施特拉邦野生保護區
（Maharashtra Wild）的老虎

064 拉梅斯瓦拉姆鐵道

Rameswaram Island Rail

國家：印度

連接印度島嶼的海上鐵道

拉梅斯瓦拉姆島位於印度的東南部，靠近斯里蘭卡，被孟加拉灣所包圍，這個小島嶼必須透過班本橋（Pamban Bridge）與印度半島相連接。而拉梅斯瓦拉姆鐵道就在班本橋上。

班本橋於 1914 年完成，它是一座兼容火車和道路交通的橋樑，當時的工程面臨著許多挑戰，必須克服海洋自然環境問題，應對不可預期的海洋風暴和潮汐變化，以確保橋樑的穩定性。1964 年，它在一場重大颱風中倖存下來。之後，印度鐵路公司安裝了監測大橋上的風速系統，當風速超過 58 公里／小時，火車便會暫停運行。

這段鐵路橋在 2022 年 12 月因橋樑的安全監測系統發出紅色警報，出於安全考慮需要進行詳細檢查和修理，2023 年 2 月宣布鐵路交通關閉，而新班本橋則預計在 2024 年底完成建設後，鐵路交通才會重新開通。

拉梅斯瓦拉姆島上的拉梅斯瓦拉姆寺廟是印度教的一個重要朝聖地，朝聖者相信在這個地方沐浴可以洗淨罪惡，並獲得神的祝福。印度教經典史詩《羅摩衍那》（Ramayana）中一段故事裡有提到了拉梅斯瓦拉姆島，因此這裡被視為一個重要的神話之地。

除了宗教和文化的重要性外，這個島還擁有海灘、珊瑚礁和豐富的海洋生態景觀。這裡的清新海風、寧靜的海灘和清澈的海水，讓人們可以在這裡放鬆身心，享受大自然的美麗，而成為受歡迎的度假勝地。

如果你對這些故事和美景感興趣，那麼就等待新橋完工，計劃一場充滿宗教文化和自然美景的海上之旅。而社群媒體也將會等著你上傳炫耀孟加拉灣海洋和陽光的照片。

亞洲

065 皇宮列車

Palace on Wheels

> **國家**：印度
> **車站**：起始站和終點站都是同一站，德里（Delhi）

國王般的奢華享受之旅

　　這趟火車之旅就像是帶你國王體驗的奢華生活，以皇室的尊貴身分來探索這片美麗多變的土地和旅遊景點。在八天七夜的行程裡，總共行駛超過 3,000 公里。火車上裝備了 39 節豪華車廂和 2 節頂級的奢侈車廂，洋溢著活力與貴族氣息。車上還有酒吧，以及一個阿育吠陀水療設施。

　　每個客廂以諸侯國的名稱命名，餐飲車廂提供了各種風味的料理、多樣化的飲品，並配有室內遊戲娛樂。此外，皇宮列車也提供了許多便利服務，如急救設施、郵寄服務、健身房、洗衣服務等，還有專屬管家，最讓人驚訝的是，你還能在列車上寄信耶，是不是超乎你的想像呢？

　　由於火車主要在夜間行駛，所以每天早上你就會在新一個新的地方醒來。不用擔心辦理入住和退房手續、打包、購買景點的門票等瑣事。皇宮列車的行程對於想在一周內參觀很多地方的人來説非常省時。

　　所有食物都是現做的，建議你千萬不要吃得太飽，要為甜點留出點空間。菜單上有傳統的印度甜點和自製冰淇淋，並提供咖啡或馬薩拉茶。

　　皇宮列車之旅是一個套裝全包的旅行，從你踏上火車的那一刻開始，所有的細節都已經安排妥當。包括住宿、導覽、景點門票和交通，還有參觀景點時的午餐和晚餐，以及整個旅程中貼心服務你的專屬管家，這些都包含在列車的服務裡頭。

　　乘坐皇宮列車雖然未必可以完整看到印度豐富的文化和民俗，但絕對是自助旅行者難以獲得的體驗。在旅行結束後，建議你用自己的步調繼續探索印度。

亞洲

停靠在烏代浦火車站的皇宮列車

搭皇宮列車參觀世界遺產泰姬瑪哈陵的專屬待遇——免排隊並有導遊陪同解說，這讓參觀更加便捷和有趣

066 世界上最擁擠的火車

Dhaka, Bangladesh Trian

國家：孟加拉

數百萬人的主要交通工具

達卡（Dhaka）是孟加拉的首都和最大城市，也是政治、文化和經濟中心。它擁有超過 2,300 多萬的居民，是世界上人口密度最高的城市。雖然它在國際上是交通堵塞、空氣汙染、居住環境差的負面形象，但也有熱情友善、豐富歷史文化的正面形象。

達卡因基礎建設與人口成長比不平衡，所產生的問題明顯反映在交通工具上。達卡的火車是驚人的擁擠，車廂內擠滿乘客，車廂外還掛滿人，甚至爬上火車頂部，人滿為患是這裡的日常。主因有以下幾點：

- 農村地區的人為了找到工作和更好的生活條件，大量湧入。
- 某些產業需要大量的勞工。
- 城市面積有限，道路擁擠，多數人只好選擇火車。
- 搭乘火車的費用較實惠，對低收入的人來說是最好的選擇。

從以上幾點加上人口增長、經濟發展和基礎設施不足等多重因素來看，就不難理解為什麼會有這樣的結果。雖然大家都知道「外掛火車」存在著安全和衛生問題，但並沒有減少人們對它的依賴。不過好消息是，2022 年終於開通了捷運，未來應該能慢慢緩解這種「堵塞」的狀況。

達卡雖然擁擠，但絕對有值得探訪的地方。這裡處處可看到各種對比景象，新與舊、貧與富、現代與落後等。世界各地遊客必訪之地的拉爾巴格堡（Lalbagh Fort），是一座歷史悠久的莫臥兒帝國時期的建築，在1678 年建造，由於特殊因素沒有完工，設計特點融合了伊斯蘭和印度傳統建築風格，是孟加拉的一個重要文化遺產。來到這裡，可以暫時拋開城市的擁擠感，走入寬敞放鬆的空間，好好了解它的歷史故事和美學價值。

亞洲

達卡的交通堵塞奇景。
孟加拉的人口成長和交
通設施的發展不成正比

067 漢志鐵路

The Hejaz Railway

> **國家：** 沙烏地阿拉伯、約旦、敘利亞
> **車站：** 沙烏地阿拉伯麥地那（Medina）—敘利亞大馬士革（Damascus）

蘊含複雜政治因素的中東鐵路

漢志鐵路的建設始於 1900 年，主要目的是將大馬士革與麥加（Mecca）連接起來，以方便穆斯林朝聖者前往麥加。然而，由於技術限制和政治因素，這條充滿希望的鐵路從未延伸至麥加。不幸的是，在第一次世界大戰期間，這條鐵路遭受嚴重破壞，因此，它未能恢復到原有的規模和功能，現今只能在一些遺址看到它，這個遺憾成為了歷史的一頁。

英國軍官羅倫斯上校（T. E. Lawrence），又稱為「阿拉伯的羅倫斯」（Lawrence of Arabia），在 1916 到 1918 年被派往中東地區。他運用了卓越的軍事策略和智慧，指導阿拉伯反抗者進行了一連串的破壞行動，以削弱鐵路的運作能力。這些行動包括破壞鐵軌、攻擊車站和運輸列車，目的是幫助他們擺脫鄂圖曼帝國和歐洲的統治，爭取自由。因此，許多阿拉伯人將他視為英雄。

鐵路沿線的多個站點和遺跡成為了研究鄂圖曼帝國史的重要資源。對於對中東歷史和文化感興趣的人來說，漢志鐵路所留下的遺址是不可多得的研究和旅遊去處。

其中，沙烏地阿拉伯西北部的古城阿烏拉（Al-Ula），曾經是古代文明納巴泰王國（Nabateans）的一部分。這裡最具代表性的景點是漢志鐵路本身、令人驚嘆的自然景觀和豐富的考古遺址。

為了讓這片古老土地閃耀新生，當地政府全力推動阿烏拉的旅遊發展，積極改進基礎設施，舉辦各類國際藝術展覽和音樂會等。這些活動通常在這些歷史的遺址舉行，給遊客帶來了獨特而難忘的體驗。

阿烏拉的這些特點，使它成為了探索古代文明和享受自然美景的絕佳之處，你若有來到這裡，一定要深入了解漢志鐵路的前世今生。

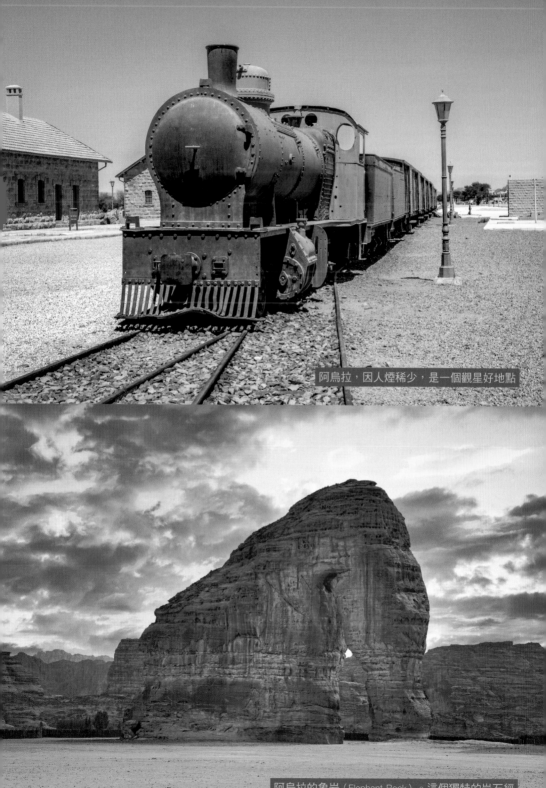

阿烏拉，因人煙稀少，是一個觀星好地點

阿烏拉的象岩（Elephant Rock）。這個獨特的岩石經過長期的自然侵蝕而形成外觀酷似一頭大象而聞名

068 道魯德到安迪梅什克鐵路
The Dorud-Andimeshk Railway

國家：伊朗
車站：道魯德（Dorud）—安迪梅什克（Andimeshk）

穿越伊朗崎嶇的札格羅斯山脈

　　這條大約 200 公里長、風景如畫的路線會帶你深入伊朗西部的山區，沿途有著壯闊的山脈和山谷。旅途中，你可以欣賞到札格羅斯（Zagros）山脈的景色，那些高聳入雲的山峰為你的旅程增添了宏偉的自然背景。火車在險峻的山地間穿梭，每轉一個彎就有新的美麗風景出現。

　　旅行從道魯德出發，你只需坐下來，放鬆心情，隨著窗外景色的變化，讓自己完全沉浸在這段美好而難忘的旅程中。

　　提醒計劃前往伊朗旅遊的朋友們，請特別注意尊重當地的文化習俗和穿著規範。伊朗有著自己的文化和服裝規定，因此在車站下車或探索當地時，請遵循當地的著裝規範，穿著得體，以示對當地文化的尊重。

　　這趟鐵路旅程的一大看點，就是經過道魯德附近的阿里薩德爾洞穴（Alisadr Cave），它是世界上最大的水洞之一。當火車靠近這一地區時，你可以遠遠地看到洞穴裡壯觀的鐘乳石和石筍，這些由不同形態碳酸鈣沉澱物形成的自然藝術品，有著千百萬年的地質變遷歷史。

　　火車繼續往安迪梅什克方向前進，穿越德茲（Dez）河，那裡湍急的河流和周圍的自然景觀構成了一幅壯觀的畫面。河岸上茂密的植被為這段旅程增添了一抹生氣，讓人不禁對這片豐饒而美麗的大地讚嘆不已。

　　旅途中，別忘了嚐嚐當地的美食，還有清爽的 Doogh（一種酸奶飲料）。如果有機會的話，和當地人聊聊天吧，這能讓你更深入地了解他們的生活方式、傳統，還能聽聽當地的有趣故事。

途經羅雷斯坦（Lorestan）地區時，從火車車窗望出去，可以看到伊朗的村莊

069 甘號列車

The Ghan

國家：澳洲
車站：阿德萊德（Adelaide）—達爾文（Darwin）

穿越澳洲南北縱貫的豪華列車

甘號列車一開始叫做「阿富汗快車」，是為了紀念 150 多年前首次開闢澳洲內陸道路的駱駝騎兵。這些先驅者沿著探險家斯圖爾特（John MacDouall Stuart）的路線開拓，對當時的經濟做出了巨大的貢獻。他們運送貨物、郵件、水、工具和設備到偏遠城鎮，幫助建設重要的基礎設施。為了表彰他們對開發嚴酷內陸地區的貢獻，甘號列車將阿富汗人騎駱駝圖案做為自己的標誌。

這條路線的氣候條件極端，常有突發性洪水和劇烈溫差。據說，老甘號列車曾被困在某處長達兩周，車長為了餵養乘客，不得不射殺野山羊。經過前人多年的努力，甘號列車終於在 2015 年開啟首航（四天三夜的旅程），帶著旅客深入體驗各景點。

這條南北縱貫的旅程長約 2,979 公里，以時尚和舒適的方式帶乘客從南澳平原的田園色調，經過赭石礦坑鮮豔色彩的麥克唐納山脈（MacDonnell Ranges），最後抵達熱帶綠意的達爾文。相信這趟澳洲內陸的終極旅程，保證會讓你感動到無法用言語形容。

在這趟旅程中，你可以在鐵路沿線的停靠站下車，然後繼續下一段旅遊。服務團隊會幫安排理想的旅遊計劃。例如，參訪世界上最大的蛋白石礦產區——南澳中北部小鎮庫伯佩迪（Coober Pedy），以更豐富你的行程。

愛麗斯泉（Alice Springs）是探索澳洲內陸最棒的地方之一，從這裡出發，旅客可以參加各種野外探險，如烏魯魯／艾爾斯岩（Uluru / Ayers Rock）。

有幸在這豪華舒適列車上體驗旅程的人，記得要對從老甘號到新甘號的開拓者們致敬，感謝他們的努力，為我們帶來充滿驚喜的旅行。

大洋洲

mastersky / Shutterstock.com

myphotobank.com.au / Shutterstock.com

愛麗斯泉車站

阿德萊德公園區總站
（Adelaide Parklands Terminal）

070 印度洋太平洋號列車

Indian Pacific

> **國家**：澳洲
> **車站**：雪梨（Sydney）─伯斯（Perth）

連接澳洲東西兩岸的鐵道

印度太平洋號是以兩個海洋命名的鐵路，連接著澳洲的東西兩端，從東海岸的雪梨到西海岸的伯斯，全程約 4,352 公里，大約需要約 65 小時或接近 4 天時間完成。這趟旅程橫跨整個澳洲大陸，還行經多個時區和多樣風景，從迷人的海岸線到廣闊的內陸荒漠都可以見到。

旅程的起始站和終點站有著截然不同的氣候──東岸的雪梨以其溫和的海洋性氣候而著稱，夏季溫暖且濕潤，冬季則涼爽乾燥，使得這座城市全年都適合旅遊。而西岸的伯斯則是地中海式氣候，有著炎熱乾燥的夏季和溫暖濕潤的冬季。

在這趟舒適的火車之旅中，你將體驗從藍山（Blue Mountains）的壯麗景色到納拉伯平原（Nullarbor Plain）的連綿不絕、平坦而一望無際的景致，這些美不勝收的風景猶如將你帶入另一個世界。

印度太平洋號不僅提供從一端到另一端的旅程，還包括了各式高品質的餐飲服務和列車外的觀光活動。你會有機會參加各種精彩的一日遊，比如去布羅肯山（Broken Hill）探索豐富的藝術歷史；參觀卡爾古利（Kalgoorlie）的超級坑金礦，一窺澳洲黃金熱潮的歷史；或是去阿德萊德（Adelaide）這個澳洲第一宜居城市遊逛，從這裡還可以前往南澳著名的葡萄酒產區，像是巴羅莎谷（Barossa Valley）和克萊爾谷（Clare Valley），對喜愛葡萄酒的旅客來說是個絕佳的探索之地。

這趟旅行除了讓你體驗到澳洲的獨特自然美景，也能同時深入理解這個國家的歷史脈絡和文化背景。從殖民歷史到原住民文化，從礦業遺產到現代城市，每一段都豐富了你的旅行經歷與見識。

大洋洲

天鵝鐘塔（Swan Bells）是伯斯的一個重要地標，18 個大鐘組成的一組鐘，懸掛在一座高 82.5 公尺的銅製和玻璃鐘樓上

071 冒煙比利火車
Puffing Billy Railway

國家：澳洲

沒有窗戶的古老蒸汽火車

　　幾乎每位墨爾本人都有乘坐冒煙比利火車時的美好回憶。他們記得坐在開放式的車廂邊緣，把腿懸掛在外，穿越著茂密的森林、起伏的山丘和寬闊的農田，沿途欣賞著高聳的木製橋樑和古雅的老車站。

　　冒煙比利火車位在維多利亞州的丹德農山脈（Dandenong Ranges），距離墨爾本市中心約一小時車程。這條鐵路於 1900 年開始建造，初期主要運輸木材和農產品。然而，在 50 年代時因遭受天災被迫關閉，也幾乎斷了當地居民的生命線，對經濟造成極大的損失。幸運的是，一群熱心保護鐵路的志願者出面推動修復計劃，得以在 1998 年全面開通鐵路。這個過程證明了人類合作的力量可以克服種種困難。

　　冒煙比利火車之所以如此獨特和受歡迎，主要在「開放式車廂」的設計。乘客坐在古老的蒸汽火車上，聽著軌道下方的車輪聲，沒有窗戶的隔絕，能更直接地欣賞美景。最厲害的是，可以把腳伸出去懸掛在車廂外，享受親近大自然、自由自在的感覺。不過為了安全起見，鐵路公司規定 4 到 13 歲的兒童必須有大人在旁監護，而 4 歲以下的小孩和寵物則不得坐在車廂邊緣。

　　冒煙比利火車提供多條不同的路線，可以根據個人偏好和時間選擇。其中不可錯過的景點有高大桉樹的雪博魯克森林（Sherbrooke Forest）和最經典場景的蒙布克溪棧橋（Monbulk Creek trestle bridge），這座橋是冒煙比利火車路線中最重要的地標。每當火車經過這座橋時，乘客總是會被這建築特色給震懾住，忍不住發出連連的驚呼聲。

　　冒煙比利火車不僅提供一段充滿懷舊、冒險和自然美景的旅程，它更是全球獨一無二的火車體驗，來到墨爾本，這絕對是一個不可錯過的旅行活動。

大洋洲

072 庫蘭達觀光火車
Kuranda Scenic Railway

國家：澳洲
車站：凱恩斯（Cairns）—庫蘭達（Kuranda）

橫越澳洲熱帶雨林的鐵道

　　庫蘭達觀光火車的路線穿越了昆士蘭州的熱帶雨林，沿途可以看到熱帶雨林、壯觀的山脈、瀑布和河流等自然景觀。這條鐵路從 1882 年開始建造，要克服陡峭地形的挑戰，必須建造許多橋樑和隧道。經過無數人的辛勤工作，終於在 1891 年完工，一開通就吸引了很多遊客。

　　這條鐵道全長大約 34 公里，大概需要 1.5 到 2 小時的時間。往庫蘭達的路上會經過巴倫峽谷國家公園（Barron Gorge National Park），穿越壯麗的瀑布，進入巴倫峽谷。這裡的空氣中充滿了濃郁有機植物的清新氣味和野生雨林的原始香氣，讓人呼吸吐納中充滿了大自然的精華。

　　其中巴倫瀑布（Barron Falls）是一大亮點，遊客可以近距離觀看到水從高處湍急傾瀉而下的壯觀景象。大約從十一月到五月的雨季是最佳的觀賞時期。此時豐富的降雨量，使得瀑布水量大大增加而更加壯觀。還有，這裡也是許多稀有和瀕危物種的棲息地。

　　庫蘭達觀光火車提供兩種座位等級，分別是遺產車廂（Heritage Class）和黃金車廂（Gold Class），可根據偏好和預算選擇。遺產車廂保留古典的裝飾風格和設計，讓你感受早期火車旅行的情懷；而在黃金車廂中，則提供澳洲葡萄酒、啤酒、各種飲品、甜點等飲食服務。不管選擇哪一種，視覺享受沒有差別，都能和自然的雨林景觀合為一體。

　　終點站的庫蘭達以豐富的歷史文化、自然景觀和多樣的旅遊活動聞名，成為許多人探索周邊雨林的起點。車站的復古建築風格與精緻的木製結構，以及色彩繽紛的花園，和周圍的雨林環境形成了鮮明的視覺對比，這種氛圍成為一個受歡迎的拍照熱點。

大洋洲

073 阿爾卑斯號火車

TranzAlpine

國家：紐西蘭
車站：基督城（Christchurch）—格雷茅斯（Greymouth）

穿梭南島東西向的觀光列車

坐上這列火車，你將會穿越南阿爾卑斯山脈的壯麗景色，從南島的一端海岸到另一端，對於熱愛大自然的人來説，這是一趟夢寐以求的旅程。全程 223 公里，從基督城出發到格雷茅斯，路上你會看到陡峭河谷、高山平原、分流河流和原始山湖，不到 5 小時就能看遍這些美景。

從基督城出發，列車輕緩行駛過坎特伯雷（Canterbury Plains）的金色農田，這片土地不僅是紐西蘭主要的農業區，也曾是歐洲移民的首選定居地。

當列車穿越懷馬卡里里河（Waimakariri River）的峽谷和河谷，逐漸攀升到亞瑟隘口國家公園（Arthur's Pass National Park）的最高點，大約海拔737 公尺。這段路是鐵路最陡峭的部分，也是工程學上的壯舉。進入南阿爾卑斯山脈後，周圍的景色迅速轉變為遼闊的山峰、幽深的河谷與茂密的原始森林。

接著，火車駛入歐提拉隧道（Otira Tunnel），又被稱為大分水嶺，當時建造時是世界上坡度最陡的隧道。通過隧道後，列車進入西海岸，這裡有著茂密的雨林、明亮的湖泊與蜿蜒的河流，呈現與西岸完全不同的氣候和風景。

阿爾卑斯號的特色之一是它獨特的觀景車廂，幾乎完全透明，提供360 度的全方位視野。無論是坐在舒適的車廂內還是站在戶外觀景台，都能感受到與大自然零距離的接觸。當列車轉彎、越過橋樑、穿梭森林時，每一次風景的變化也都能讓人驚喜不已。

旅程的終點是格雷茅斯，這個小鎮融合了歷史與現代，擁有豐富的文化底蘊，是體驗紐西蘭自然與人文魅力的完美地點。在這裡，你可以靜下心來，好好回味這趟穿越大自然的壯麗之旅。

大洋洲

阿爾卑斯號列車是紐西蘭國家
鐵路公司（Kiwirail）所經營的

坐火車的景觀之一：
懷馬卡里里河峽谷

074 泰伊里峽谷鐵道

Taieri Gorge Railway

> **國家**：紐西蘭
> **車站**：但尼丁（Dunedin）─普克蘭吉（Pukerangi）

穿越紐西蘭內陸和峽谷的列車

喜歡坐火車，並且也喜歡紐西蘭的內陸風光，那麼一定要試試泰伊里峽谷鐵道的旅程。這趟旅程會帶著你深入泰伊里峽谷（Taieri Gorge），一個由古老的泰伊里河切割而成的狹長深谷，穿越紐西蘭南島鄉村風景。

這條觀光鐵路始建於 1879 年，當時是為了支持但尼丁內陸地區因淘金熱而興起的礦業。建造這條鐵路線時，面臨了巨大的挑戰，包括建造橫跨峽谷的橋樑和挖掘隧道。

但尼丁是這條鐵路的起點，這座城市擁有豐富的歷史、文化和自然美景，是探索紐西蘭南島的絕佳起點。自 1849 年起，因為礦業的興起，但尼丁逐漸發展成為工業和商業中心。1869 年成立的奧塔哥大學，不僅是紐西蘭最古老的大學，也在學術界享有盛譽。2014 年，但尼丁被聯合國認定為「文學創意城市」，肯定它是一個以充滿研究和學習風氣的大學城，以及文學創作和作家的蓬勃發展地。

從充滿歷史感的但尼丁車站出發，列車將穿過泰伊里平原，進入泰伊里峽谷。沿途你會看到高架橋、隧道、陡峭的山坡等迷人景色。車上設施齊全，適合各年齡層和輪椅使用者，還有生動有趣的解說，讓你在賞景的同時，更了解這條鐵路的歷史。在觀景台上，你可以呼吸新鮮空氣，拍攝全景照片，將這段美好的旅程記憶永久留存。

到達終點站普克蘭吉後，這個寧靜的小地方非常適合放鬆、伸展雙腿，欣賞四周風景。這裡還有奧塔哥中央鐵路步道（Otago Central Rail Trail），是紐西蘭最棒的自行車道之一，也是自行車好手們的朝聖地。

大洋洲

泰伊里峽谷鐵道的列車
在但尼丁附近進行調度

1848 年由蘇格蘭移民建立的但尼丁火
車站，是紐西蘭最美麗的火車站之一

075 坦贊鐵路

Tazara Railway

> **國家**：坦尚尼亞、贊比亞
> **車站**：沙蘭港（Dar es Salaam Port）—卡皮里姆波希（Kapiri-Mposhi）

坦尚尼亞和贊比亞的友誼列車

　　坦贊鐵路，連接坦尚尼亞和贊比亞兩國，是一條承載著豐富歷史和深遠地緣政治意義的重要國際鐵路。列車行駛經過非洲大陸獨有的自然景觀，連接兩個國家的重要經濟中心。

　　這條鐵路起始點位於東非的港口城市沙蘭港，是坦尚尼亞的主要港口及重要貿易樞紐。終點站位於贊比亞中部的卡皮里姆波希，距離首都盧薩卡（Lusaka）不遠，是負責處理進出口貨物以及接駁到其他運輸方式的重要樞紐。

　　坦贊鐵路的建設始於1970年代，由中國提供財政和技術支持，於1976年開始營運，象徵著兩國之間的堅固合作關係。這條鐵路的軌距為1067公釐，在當地可謂獨一無二，主要用於運輸礦產資源、農產品和其他商品，是中非地區最重要的鐵路之一。

　　坦贊鐵路行經壯闊的自然景觀，包括山脈、森林、河流和湖泊等，其中塞羅斯野生動物保護區（Selous Game Reserve）是世界上最大的動物保護區之一，這裡也是許多瀕危和稀有物種的庇護所。然而，長期以來，這個保護區一直受到非法獵殺的威脅，因此在2014年被聯合國教科文組織列入危險名單。政府當局已採取多項措施，積極打擊非法獵殺，以保護該地區豐富的生態系統。搭乘坦贊鐵路有機會觀察到非洲的野生動物，如大象、獅子、長頸鹿，親身感受非洲大陸的動物多樣性。

　　近年來，坦尚尼亞和贊比亞決定升級這條鐵路，目標是將其轉為標準軌距，以提高運輸效率和速度，預計將為沿線地區帶來新的發展機會和經濟活力。

非洲

沙蘭港的海濱景色。它是坦尚尼亞的首都和最大城市，也是該國的經濟和商業中心

076 非洲之傲列車

Rovos Rail

國家：南非
車站：提供多種不同的路線和行程選擇，起點和終點站依路線而定

南非極致豪華蒸汽火車之旅

非洲之傲列車也稱為非洲之光（Pride of Africa），以頂級的旅行體驗聞名，完美融合了非洲野生動物探險和傳統奢華。這次旅行為你提供探索非洲大陸上豐富多彩的文化和自然景觀的絕佳機會。這列火車串聯一些重要城市，提供多種的選擇，讓你可以在各個停靠站下車，深入探索當地的景點。

搭乘這輛充滿懷舊氣息的火車，你可欣賞到窗外令人目不暇給的風景，同時聆聽歷史學家講述有趣又富有知識性的內容。這列火車提供友善的服務、頂級的美食，還供應南非最優質的葡萄酒，將永恆的優雅和高貴的浪漫融入旅行中。

非洲之傲列車對服裝有特定的要求，以確保乘客在旅行期間感到舒適：白天穿一般休閒服裝，晚上則是正式服裝，男士至少一件外套和領帶，女士建議晚禮服或套裝。一定要記得帶保暖衣物，以應對寒冷的早晨和晚上。下車參加當地的行程，需要穿舒適的休閒鞋、防曬乳和帽子，以及保暖衣物，因為野外觀光大多坐在無車蓋的車上，會非常寒冷。

非洲之傲列車的停靠點包括約翰尼斯堡（Johannesburg）、普利托利亞（Pretoria）和開普敦（Cape Town）等主要城市。特別值得一提的是比勒陀利亞的首都公園（Capital Park）火車站，這是一座私人火車站，建於1940年代，具有濃厚的維多利亞殖民地建築風格。車站內設有一間鐵路博物館，在這裡可以深入了解南非蒸汽火車時代的歷史和技術。

對於火車迷和追求奢華旅遊體驗的遊客來說，非洲之傲列車提供了豐富多元的選擇，每一個行程有不同安排和路線，但絕對都能提供給你一段獨特又而難忘的方式來探索非洲大陸。

非
洲

Africanstar / Shutterstock.com

Africanstar / Shutterstock.com

普利托利亞車站

非洲之傲列車內部的休閒車廂

077 藍色列車

Blue Train

國家：南非
車站：普利托利亞（Pretoria）—開普敦（Cape Town）

非洲草原海洋間的頂奢旅程

在 19 世紀末和 20 世紀初的淘金熱時期，特別是在約翰尼斯堡（Johannesburg）發現金礦之後，南非的鐵路迅速發展，成為礦區與城市間的重要聯繫工具。

在鐵路網絡迅速擴張的背景下，藍色列車應運而生，成為了一種奢華的旅行方式。它滿足了隨著經濟成長而出現對高端旅遊的需求，因此藍色列車成為南非淘金熱歷史的一部分。

在第二次世界大戰期間，藍色列車一度停運，之後進行大翻新和改造。過去，有人說坐上這列車都是非富即貴的人，給人一種遙不可及的距離感。然而，現在的藍色列車向所有人開放，人人都有機會在這裡享受奢華的生活，實現他們的夢想。

歡迎登上藍色列車，開啟一段難忘的 54 小時旅程，在這 1600 公里的行程中，將享受到個性化和細心的服務。列車內部設有豪華套房、精緻的餐飲服務、優質葡萄酒以及休閒設施的極致享受，最重要的是享有美景。

沿途美景有克魯格國家公園（Kruger National Park），在這裡有機會距離觀察非洲大陸的野生動物。此外，還有薩比森自然保護區（Sabi Sands）、大西洋沿岸的海濱景觀以及葡萄酒產區等景色。每一扇窗都能將山脈、草原、荒漠和河流、海洋美景盡收眼底。

普利托利亞是南非的政治和行政中心，每到春天，這座城市都會被藍花楹深藍或青紫色花朵包圍，猶如一座夢幻城市。開普敦則是南非第二大城市，附近的鮑德斯海灘（Boulders Beach）是黑腳企鵝的自然棲息地。

藍色列車開創了新的奢華旅行，將草原與海洋、傳統與進步連接在一起，以一種從獨一無二的風格、優雅和令人陶醉的魅力，提供給旅客前所未有的旅行體驗。

非洲

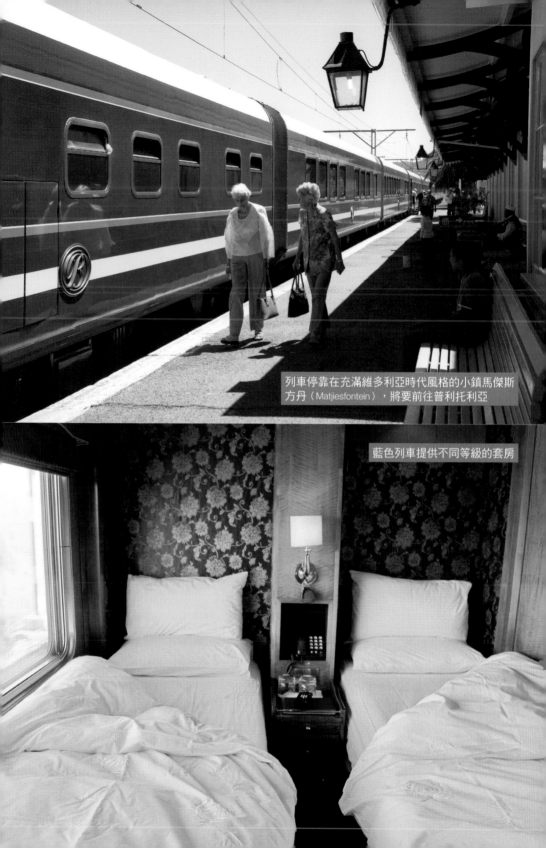

列車停靠在充滿維多利亞時代風格的小鎮馬傑斯方丹（Matjiesfontein），將要前往普利托利亞

藍色列車提供不同等級的套房

078 洛磯山登山者號列車

Rocky Mountaineer

> 國家：加拿大
> 車站：提供多個不同的路線選擇，
> 　　　各有不同的起點和終點

洛磯山登山者號列車 | Rocky Mountaineer 官網

用奢侈的方式
探索加拿大之美

　　有人說旅行的價值在於旅途中的風景與過程，而不是目的地，這個說法用在洛磯山登山者號列車尤為貼切。此列車提供多條不同風格的路線，每一條都是一段探險與新發現的旅程。

1. **西部拓荒之路（First Passage to the West）**

   從溫哥華出發（Vancouver），一路向東，直達班夫（Banff），這是登山者號的經典之旅。

2. **穿越雲層之旅（Journey through the Clouds）**

   也是從溫哥華出發，終點是賈斯珀（Jasper），途中穿行被聯合國教科文組織列為世界遺產的賈斯珀國家公園（Jasper National Park）。

3. **雨林到淘金熱（Rainforest to Gold Rush）**

   從溫哥華出發，一路經過加拿大哥倫比亞省的雨林地區，最終到達賈斯珀。

　　洛磯山登山者號列車還提供兩種不同體驗的車廂選擇：銀葉（Silver Leaf Service）和金葉（Gold Leaf Service）。金葉車廂擁有專屬的戶外觀景台、獨特的上下兩層設計，上層有360度圓弧玻璃全視角的觀景座位，空間寬敞，在這裡可以伸展雙腿，而下層則是用餐美食區。

　　洛磯山登山者號列車的另一獨特之處，它只在白天行駛，並且以悠閒的速度行進，為了是讓所有的美景都能盡收眼底。為了不讓乘客錯過任何景色，列車不提供夜間行駛及臥鋪，旅客每晚會下車入住當地酒店。

美洲

賈斯珀車站是洛磯山登山者號
列車路線上一個很重要的站
點，讓旅客有機會好好欣賞賈
斯珀國家公園的美景

079 加拿大號列車
The Canadian

> **國家**：加拿大
> **車站**：溫哥華（Vancouver）—
> 多倫多（Toronto）

加拿大號列車 | Canadian train vacations 官網

搭過的人才能稱為
真正的加拿大人

　　沒有其他交通工具能像加拿大號列車一樣，讓人如此深入地感受加拿大的美麗與多樣性。

　　搭乘加拿大號舒適的全景列車，開啟一段連接兩大城市，穿越五個省分的旅程，全程大約 4,466 公里。從溫哥華出發，在哥倫比亞省（Columbia）中，你將親眼見證大自然的壯麗奇觀：崇山峻嶺、壯觀海岸線、幽靜雨林、寧靜的漁村，這些景色將是一次難忘的視覺盛宴。

　　經過亞伯達省（Alberta）時，一定要準備好相機，以捕捉遠處洛磯山脈的雄偉景觀。從埃德蒙頓（Edmonton）到賈斯珀（Jasper），這一路段是加拿大一些重要的地標。

- 經過薩克其萬省（Saskatchewan），可以欣賞到被稱為「草原上的巴黎」薩斯卡通（Saskatoon）。
- 經過曼尼托巴省（Manitoba），你可能會看到野牛群、黑熊、麋鹿或當地上百種鳥類。
- 抵達安大略省（Ontario），你將從寧靜丘陵和自然荒野進入繁忙的市中心多倫多，感受城市與自然的和諧共處。

　　火車上提供多種車廂級別，適合各種旅行計畫和預算。火車備有餐車、咖啡廳以及專為豪華旅客提供的私人用餐室，以讓你在長途旅行中享受到極致的舒適和便利。

　　這條路線橫跨加拿大的東、西部，無論你是從多倫多或溫哥華出發，這趟加拿大號列車之旅都會是你難忘的經歷。

美洲

市政廳（City Hall）是多倫多最著名的地標之一

080 懷特山口與育空鐵路
White Pass & Yukon Route

> **國家：**美國、加拿大
> **車站：**美國阿拉斯加州斯卡圭（Skagway）—加拿大育空地區（Yukon Territory）的懷特霍斯（Whitehorse）

跟隨淘金者步伐的歷史之旅

　　「黃金！黃金！黃金！」這是 1897 年 7 月 17 日西雅圖報紙上的頭條標題，內容報導說：「波特蘭號輪上的 68 位有錢人帶著一疊疊的黃金抵達西雅圖」。這個震撼的消息迅速傳開，吸引了數以萬計渴望致富的人們湧往淘金地。要抵達克隆代克（Klondike）淘金地，這些人必須克服極端嚴寒的氣候、崎嶇的地形和充滿危險的路程。其中兩條主要路線是奇爾庫特小徑（Chilkoot Pass）和懷特通道（White Pass）。淘金者得攜帶大量的裝備和供應品，爬越陡峭的山坡，步行數百英里才能抵達目的地，因此許多人在這艱難的旅程中失去了生命。

　　由於淘金路地形險峻的關係，必須建造一條鐵路，以應對淘金浪潮。這是一項極為艱鉅的工程，包括崎嶇的山坡、大雪和陡峭山壁。施工隊伍需要引入大量建設材料，如超過幾百噸的炸藥，以克服這些困難，建設成本非常高，但鐵路工程團隊最終完成了這項宏偉的工程。

　　這條鐵路於 1900 年完工，讓淘金者能夠更輕鬆地進入淘金地區。1982 年，隨著礦山關閉後，鐵路暫停營運。於 1988 年重新開啟，轉型為觀光旅遊的火車，為遊客提供鐵路旅遊服務。

　　如今，克隆代克淘金熱（Klondike Gold Rush）的遺跡已成為旅遊景點。這條鐵路見證了淘金時期的艱辛，展現人類對抗自然極限所成就的一項偉大工程。

　　19 世紀末，人們來這裡求黃金求發財；一百多年後，人們跟隨淘金者的步伐探尋歷史的足跡、淘金熱背後的故事；同時，也有人來這裡欣賞美麗的山脈、參加戶外探險活動和觀賞野生動物。懷特山口與育空鐵路已從當年的淘金路變成了一條連接歷史與現在的紀念之旅。

攝於斯卡圭

火車停在加拿大育空地區的卡克羅斯（Carcross），準備啟程前往美國阿拉斯加的斯卡圭

081 大峽谷鐵路

Grand Canyon Railway

國家：美國

車站：威廉市（Williams）—大峽谷國家公園的南緣（South Rim）

通往大自然藝術品的火車之旅

大峽谷位於亞利桑那州，是地球上七大自然奇景之一，也是全球旅行者心目中一生必訪的景點之一。它以壯闊的峽谷壁、深邃的峽谷和多種岩層聞名於世，部分岩層的年齡甚至超過數億年，被譽為大自然的藝術品。

19 世紀末，大峽谷仍然是一個遙遠偏遠之地，只有勇於冒險的探險家才能到的了此處，如今有飛機、巴士、汽車、火車等交通工具。大峽谷鐵路於 1901 年開始運行，一開始用在運輸礦石，後來經營者意識到運送旅客是一個有利可圖的商機，於是轉型為觀光鐵路。可惜在 1968 年因汽車的普及被取代，暫停行駛。但在 1989 年以全新的觀光列車形式重啟。

建議你可以從洛杉磯出發搭火車前往威廉市，再轉乘前往大峽谷的列車。威廉市是大峽谷的門戶，也是歷史悠久 66 號公路保存最完整的路段。列車穿行於峽谷蜿蜒的路線是車輛難以抵達的區域，因此你能欣賞到任何州際公路或高速公路都無法看到的原始美景。經過約 2 小時的旅程，抵達南緣，為大峽谷之旅揭開序幕。

大峽谷南緣地區提供豐富多彩的活動和體驗。你可以選擇走步道深入峽谷，親近壯觀的自然風貌，探索豐富的歷史文化遺產，甚至可能有機會近距離觀察到多種野生動物。此外，還有如健行、露營或搭直升機遊覽等各式各樣的活動，並設有從豪華酒店到露營地等多種住宿選擇以及眾多的餐廳和咖啡館。

大峽谷，這片大自然鬼斧神工般的奇蹟，始終敞開懷抱，期待著每一位遊客來親身感受到時間的流轉與大自然的偉大。

停靠在大峽谷村（Grand Canyon village）的火車

坐在大峽谷南緣（South Rim of the Grand Canyon）欣賞日落

082 加州和風號

California Zephyr

> **國家**：美國
> **車站**：芝加哥（Chicago）—舊金山（San Francisco）

橫跨七大州 52 小時火車之旅

許多老鐵道迷認為加州和風號是「北美洲最美麗的火車」。它沿途經過洛磯山脈（Rocky Mountains）、內華達山脈（Sierra Nevada Mountains）以及大陸分水嶺（Continental Divide）。沿途可以欣賞到壯觀的山脈、河流、湖泊和城市景觀。

火車的內部設計結合了舒適與實用，包括標準座位、隱私性高的臥鋪車廂、供應美食餐車以及觀景車廂，讓乘客能夠愉快地度過長途旅程。觀景車廂配有圓頂玻璃窗，可以 360 度全視角欣賞四周的景色，特別是在穿越山區和峽谷時，這樣的設計提供了一種令人難忘的觀景體驗。

加州和風號全長約 3,924 公里，跨越美國七個州的鐵路路線：伊利諾伊州（Illinois）—愛荷華州（Iowa）—內布拉斯加州（Nebraska）—科羅拉多州（Colorado）—猶他州（Utah）—內華達州（Nevada）加州（California）。

沿著加州和風號的路線，每一站都是一個探險和文化體驗的新起點：

- **芝加哥**：起點站。這裡有博物館和摩天大樓等知名地標，以及芝加哥小熊隊（Chicago Cubs）的主球場，等著你來朝聖。

- **丹佛（Denver）**：這裡有 30 多個滑雪場、超過 150 家小型啤酒廠、多條自行車道，等著你來冒險。

- **鹽湖城（Salt Lake City）**：這裡有世界級的滑雪場、美國最大的內陸鹹水湖，吸引無數的遊客和鳥類觀察者，等著你來探索。

- **舊金山**：終點站。終點位置其實是在舊金山附近的愛莫利維爾（Emeryville），你可以轉乘巴士前往舊金山。這裡有唐人街、金門大橋、39 號碼頭等地標，等著你來感受城市獨有的藝術和自由精神。

以上這些城市不僅是加州和風號沿線的亮點，更是美國文化和自然美景的精華所在，每一站都值得細細品味和探索。

科羅拉多州的大章克申（Grand Junction）車站

火車經過科羅拉多河

083 杜蘭戈和錫爾弗頓鐵道

Durango & Silverton

國家：美國
車站：科羅拉多州的杜蘭戈（Durango）—錫爾弗頓（Silverton）

西部野性之旅的蒸汽火車

在 1879 年，丹佛和里奧格蘭德鐵路公司（Denver & Rio Grande Railway）開發了杜蘭戈城鎮。接著，在 1881 至 1882 年間，該公司建造了杜蘭戈和錫爾弗頓鐵道，將杜蘭戈與 73 公里外的採礦小鎮錫爾弗頓連接起來，開啟聖胡安山脈金、銀礦的運輸服務。

雖然礦業早已沒落，這條 140 多年的鐵路仍然還在運送旅客，穿越風景優美的聖胡安國家森林（San Juan National Forest），以及高山地帶的壯觀景色。它是國家重要歷史地標，也是北美最受歡迎的文化遺產鐵路之一，將科羅拉多州豐富的拓荒和礦業史與鄉村美景完美結合在一起。

這條全長約 72.4 公里的鐵路之旅大約需 3.5 小時，只在 5 月至 10 月間全程運行，冬季則縮短路線。你可以在露天觀景台上近距離欣賞山區景色，記得要用力呼吸最新鮮的高山空氣。或者，你可以在「歷史解說」車廂中聆聽鐵道歷史和採礦潮時的生活故事。列車以時速 16 公里的緩慢速度行駛，讓你有充分的時間拍攝沿途風景。

當你在杜蘭戈車站時，一定要參觀 D&S 圓頂博物館，這個位於鐵路車廠的 12,000 平方英尺的設施，收藏了精心策劃的文物和展覽，描繪了科羅拉多豐富的鐵路和礦業歷史。

從杜蘭戈出發，列車沿著激流洶湧的阿尼馬斯河（Animas River）前行，穿越聖胡安山脈，一路前往卡斯卡德峽谷（Cascade Canyon）的旅程中，你可以在鐵軌車輪的和諧聲中放鬆身心。接下來，列車將帶你抵達錫爾弗頓，這裡絕對能讓你有穿越時光回到狂野西部的感覺，並體驗金銀礦業全盛時期的風采。

沿著風景優美的阿尼馬斯河而行，
欣賞科羅拉多州的大自然景觀

084 阿拉斯加鐵路
Alaska Railroad

國家：美國

穿越極地美景的自然生態之旅

　　阿拉斯加是美國面積最大的州，位於北美洲的西北部，西臨白令海峽與俄羅斯相望，南邊是阿拉斯加灣和太平洋，北邊臨北極海。這裡的地理環境多樣化，包括森林、高山、海灣和冰川。氣候同樣也是多樣化，南部沿海區溫和濕潤，內陸有極地氣候，冬季寒冷漫長。這裡有豐富的天然資源，如石油、天然氣等，並有種類繁多且豐富的野生動物，如北極熊、馴鹿、麋鹿、駝鹿、北極狐和海洋生物等。漁業方面則以鮭魚和蟹類聞名，同時也保留著豐富的原住民傳統文化。

　　阿拉斯加是戶外活動愛好者的天堂，提供了豐富的活動選擇，包括登山、釣魚、賞鳥和滑雪等。冬季的冰川和極光更吸引來自世界各地的旅客。

　　為了讓遊客全面體驗阿拉斯加的多樣性、多變性和豐富的生態系統，阿拉斯加鐵路提供了多條路線，特別適合熱愛大自然的旅客。這些路線連接主要城鎮和景點，讓遊客們舒適地欣賞這片土地的自然美景。

- **海岸經典列車（Coastal Classic Train）**：提供壯觀的海岸山脈和海灣景色。
- **冰川列車（Glacier Discovery Train）**：可以欣賞到冰川景觀。
- **丹納利之星列車（Denali Star Train）**：可以在丹納利國家公園（Denali National Park）觀賞野生動物。
- **奧羅拉冬季列車（Aurora Winter Train）**：也有人稱極光列車，在冬季，沿途可以看到雪景。
- **塔爾基特納列車（Hurricane Turn）**：專為偏遠地區居民提供便利的服務，乘客可以用衣物或舉手示意列車停下。

　　每條阿拉斯加鐵路的探索之旅都充滿驚奇和新體驗，提供了一種遠離城市喧囂、深入自然懷抱的旅行方式。

美洲

一對阿拉斯加駝鹿在阿拉斯加鐵路橋下，涉水穿過馬塔努斯卡河（Matanuska River）

085 帝國建設者號

The Empire Builder

> **國家**：美國
> **車站**：芝加哥（Chicago）—西雅圖（Seattle）

穿越美國北部的長途列車

　　「帝國建設者號」是一條長途列車，連接很多城市，是旅客們探索密西西比河（Mississippi River）、冰川國家公園和太平洋西北地區的最佳理想交通工具。

　　幾世代以前，這條路線只是一片荒野之地，只有第一代的移民者和野牛在此生活，隨後，淘金者、商人、木材工人、農民等紛紛前來，人口逐漸增加，於是鐵路公司開發了這條路線。

　　這列火車的名字是為了紀念美國歷史上的一位重要人物——19世紀的探險家和商人詹姆斯·J·希爾（James J. Hill）。希爾曾出版過一本書，名為《Highways of Progress》。這本書講述了他的生平和職業生涯，以及他在鐵路業和其他企業領域的經驗和觀點。同時，他也提出了對鐵路和美國西部發展的看法，反映了他在當時美國經濟和交通領域的影響力。

　　之後列車的經歷經營者多次更迭，但名稱始終沒變。同時，也多次進行現代化改造，提升了服務品質。列車的路線穿越了美國的中西部和北西部地區，途經五個州：伊利諾伊（Illinois）、威斯康辛（Wisconsin）、明尼蘇達（Minnesota）、北達科他（North Dakota）和蒙大拿（Montana）。沿途風景多變，既有繁華的城市，也有廣闊的大平原、高聳的山脈和湖泊。

　　其中一個令人印象深刻的景點是明尼蘇達州的聖克勞德市（St. Cloud），這裡有美麗的密西西比河畔風光和宜人的城市氛圍。北達科他州的費戈（Fargo）是另一個亮點，這座城市充滿了歷史，以及美國西部的風情。

　　在帝國建設者號上，你可以聽到關於美國西部拓荒史、鐵路建設和印第安文化的故事。火車上的友善服務團隊將熱情地分享他們的知識和經驗，讓你的旅程更加豐富和有意義。

美洲

火車會停靠西雅圖，其中一個著名景點是鮭魚灣大橋（Salmon Bay Bridge）附近的巴勒德閘門（Ballard Locks），這是一個受歡迎的觀光景點，遊客可以觀賞船隻通過閘門的過程

086 納帕酒鄉火車

Napa Valley Wine Train

> **國家：**美國
> **車站：**納帕（Napa）—聖赫勒拿（St. Helena）

加州葡萄酒風情列車

　　納帕酒鄉火車之旅，是一場奢華而難忘的葡萄酒體驗，精緻的午餐或晚餐、精心安排的品酒會、以及對酒莊的參觀，都將為您帶來非凡的享受。此外，火車還提供節日慶典、婚禮以及私人聚會等多元化的活動選擇，適合家庭和團體。車上提供的美味佳餚，有搭配多款葡萄酒的品酒機會。當抵達終點時，你一定會希望這段旅程永遠不要結束。

　　納帕距離加州舊金山約 80 公里，開車大約需要 1.5 至 2 小時，來到這裡，除了可以嘗試新鮮事物，品味世界知名的葡萄酒，納帕酒鄉火車也值得你花時間去體驗。

　　納帕酒鄉火車建於 1864 年，當時是為了將遊客帶往卡利斯托加（Calistoga），一個以 SPA、溫泉、泥巴浴、品酒和高級度假村聞名的休閒小鎮。隨著公路交通的發展使得鐵路運輸逐漸衰落，但納帕的葡萄酒產業卻繼續蓬勃發展。一群投資客看到了這條鐵路可轉型為葡萄酒觀光的潛力，於是購買老舊的鐵路列車和車廂進行全面修復翻新，包裝轉型為奢華旅遊路線，於 1989 年正式營運。

　　納帕酒鄉火車的行程十分多樣，乘客可依自己的興趣選擇。其中一個熱門選項是參觀查爾斯‧克魯格酒莊（Charles Krug Winery）。該酒莊成立於 1861 年，是納帕地區最古老的葡萄酒酒莊之一，以生產卡本內蘇維翁（Cabernet Sauvignon）、梅洛（Merlot）、夏多內（Chardonnay）等品種的高品質葡萄酒而聞名。遊客可以深入了解悠久的歷史、葡萄園和葡萄酒製作過程，還能品味其獨特風味的葡萄酒，同時享受納帕迷人的風景和葡萄酒文化。

　　納帕酒鄉火車的歷史和體驗極富魅力，完美融合了葡萄酒、美食與美景，是一個值得一探的旅遊地。

美洲

Leonard Zhukovsky / Shutterstock.com

列車穿過納帕葡萄園

087 喬治敦環路鐵路

Georgetown Loop Railroad

國家：美國
車站：科羅拉多州的喬治城（Georgetown）—銀羽鎮（Silver Plume）

西部歷史和工程奇蹟的火車之旅

喬治敦環路鐵路建於 19 世紀末，連接喬治城和銀羽鎮兩個礦鎮。由於山區地形複雜，工程師使用了獨特的設計，大型斜坡和 360 度環狀迴圈，以克服高度差。這種設計使得列車能夠在接近高架橋時順利升降高度，然後回到原始的水平。

這條鐵路的特色如其名所示，亮點是三個髮夾彎、四座橋樑和一個 30 度馬蹄形彎道，為了是讓坡度平均維持在 3%。其中經過一座巨大的橋，這座橋叫做魔鬼門高架橋（Devil's Gate Viaduct），之前的舊橋因結構老化，於 1984 重新建立，新橋在設計和技術上更現代化，但仍保留與 1933 年舊橋一樣的偉大景觀樣貌。

這條小鐵路曾關閉一段很長的時間，會重啟的原因，應該要歸功於丹佛西部峽谷的美景和出色的工程設計，以及黎巴嫩礦坑（Lebanon Mine）和艾弗雷特礦坑（Everett Mine）二處的歷史遺址。

請看右圖上的蒸氣火車頭，它曾於 1926 年在中南美洲的瓜地馬拉運行，1973 年回到美國，但從未運行。於 2002 年被拍賣在 Highline Railroad Park 展示。2008 年由科羅拉多歷史博物館交給鐵路公司進行修復，自 2016 年開始營運至今。

喬治城和銀羽鎮都是古樸寧靜的小鎮，幾乎沒有受現代化影響。喬治城擁有許多維多利亞式建築，以及餐廳、住宿和遊客中心等旅遊設施，是一個適合慢遊的好地方。而銀羽鎮則提供了一個時光倒流的機會，讓人們深入了解過去的生活方式和環境。這兩個小鎮都是探索科羅拉多州豐富礦業歷史的絕佳景點。

在蒸汽火車的哨聲響起三聲後，你的旅程即將展開，請備好食物和相機，它將帶你走進一段結合美國西部歷史、工程奇蹟、自然美景的旅程。

美洲

088 湯瑪士號火車

Thomas land

國家：美國

童話世界中的小火車冒險

■ 從書籍和動畫中開出來的小火車

　　湯瑪士號火車的故事，源自英國作者威爾伯‧奧德里（Wilbert Awdry）所寫的書，後來由他的兒子和其他作家延續發展。故事情節簡單、容易理解，強調友誼、合作和正直等價值觀。以各種各樣的火車角色為主題，每個火車角色都擁有獨特的性格，使得小朋友們能夠與之產生共鳴。因為具有教育價值又深受兒童歡迎，因此這個主題樂園，就成了一個讓孩子能夠身歷其境體驗這些冒險故事的地方。

■ 湯瑪士小火車樂園在哪裡？

　　第一座在英國，日本也有，本文介紹的是美國麻州卡佛市（Carver）的埃達維爾鐵路處（Edaville Railroad），距離波士頓以南約 1 小時車程。

■ 是真實的火車，還是在遊樂園裡的火車？

　　真實的。埃達維爾鐵路在過去是一條真實的鐵路，於 1947 年建立，用於運輸蔓越莓等農產品。在 2005 年，這條鐵路轉型為以《湯瑪士小火車》主題的樂園，叫做「Edaville USA」。樂園內有多個以湯瑪士小火車角色為主題的遊樂設施，有湯瑪士小火車的導覽之旅、旋轉木馬、小型雲霄飛車等。遊客可以搭乘火車遊覽樂園，欣賞精心設計的火車站、模型村莊和風景等。

　　樂園經常舉辦各種特別活動，如與湯瑪士小火車角色一起的表演、故事時間和遊戲，為小朋友們提供了與心愛的火車角色互動的機會。此外，園內設有多個紀念品店，供遊客購買與湯瑪士小火車相關的商品。

　　湯瑪士主題樂園為家庭提供了一個充滿歡樂和親子互動的環境，讓湯瑪士小火車的小粉絲們，能夠近距離地體驗他們最愛的故事角色。

美洲

埃達維爾鐵路把大家都愛的
《湯瑪士小火車》，從書籍
和動畫搬移到現實世界中

089 華盛頓山齒軌鐵路

Mount Washington Cog Railway

> **國家**：美國
> **車站**：馬什菲爾德基地站（Marshfield Base Station）—華盛頓山峰頂站
> （Mount Washington Summit）

美國最古老的齒軌鐵路

電影《大娛樂家》（The Greatest Showman）裡的男主角原型身分是美國魔幻馬戲團始祖 P.T. 巴納姆（P. T. Barnum），由演員休傑克曼（Hugh Jackman）飾演。這位真實的大人物在 1869 年搭乘華盛頓山齒軌鐵路，下車看到山頂景觀時驚嘆的説：「這是地球上第二偉大的表演秀。」150 多年後的今天，華盛頓山峰齒軌鐵路仍然以令人驚嘆的方式繼續表演攀升峰頂秀（平均坡度 25%，有些接近 38%）。

這條鐵路的創始者是一位成功的商人，他在 1850 年開始攀登華盛頓山，在遭遇一場危及生命的風暴之後，認為有必要建立一種更安全和有效的方式，讓旅行家們可以體驗華盛頓山的景色。因此決定利用當時的現代交通技術——「蒸汽火車」，來實現這一個目標。

從海拔 823 公尺的起點出發，隨著火車緩緩啟程及不斷攀升，氣溫開始下降，風速增大。這段旅程的終點是海拔 1,917 公尺的華盛頓山峰頂，這裡是美國東北部最高點。在這短短不到一小時的旅程中，你將經歷從溫暖舒適到寒冷的極端氣候變化。站在山頂上，感覺被四面八方的美景給包圍住，在晴朗的天氣，甚至能夠遠眺大西洋的海岸線。

火車會在山頂停留一段時間，請不要冒險遠行，注意回程時間，如果錯過，可能要自己下山。夏季是乘坐這條鐵路的最佳季節，而冬季則可以欣賞到冰雪景觀。在山頂上，你可以體驗冰雪活動或者是在溫暖的山頂站內享受一杯熱巧克力。在耶誕節季節期間，在聖誕之光森林（Santa's Light Forest）中可以欣賞到數以萬計盞燈光的美景，是一個與家人度過溫馨假期的好地方。趕快計劃華盛頓山坡鐵路之旅，準備開啟你的翻山越嶺的冒險吧！

美洲

090 霍格華茲特快車
The Hogwarts Express

國家：美國

一列虛構的魔法列車

■ 進入真實版的魔法世界

霍格華茲特快列車來自於 J.K. 羅琳所創作的《哈利波特》系列小説，在書中專門負責將學生從倫敦的國王十字車站 9¾ 月台運送到蘇格蘭的霍格華茲魔法學校。它不僅是交通工具，也是故事中的重要場景。在這台列車上，學生們相互認識、建立友誼，並在旅途中經歷各種冒險和事件。

真實版的霍格華茲特快列車有兩個版本。一個是位於英國的雅各賓蒸汽火車，是真實的電影拍攝場景，詳情見本書第 40 頁。另一個則是位於美國佛羅里達州環球奧蘭多度假村的完整尺寸複製品。

■ 冒險和探索就從這裡開始……

霍格華茲特快列車連接了兩個主題樂園：環球影城（Universal Studios）和冒險島（Islands of Adventure），車站分別是霍格莫德站（Hogsmeade）和模擬的倫敦國王十字車站。

乘坐霍格華茲特快列車，遊客可以體驗在原著小説和電影中描繪的經典旅程。列車內部和外觀都經過精心設計，以重現小説中描述的情節，甚至還可以遇到一些熟悉的角色，例如魔法學校的同學和教師。這些角色讓遊客們感受到自己置身於哈利波特的故事中。

■ 哈利波特迷不能錯過！

霍格華茲特快列車不僅是環球奧蘭多度假村的一個主題樂園景點，還是連接兩個樂園的交通工具。因此，它提供寬敞的空間和無障礙設施，適合輪椅和輕便型電動車使用者，讓所有遊客都能輕鬆享受這趟火車之旅。即使是帶著嬰兒或需要氧氣瓶的遊客，也可順暢地搭乘。在這兒不管你幾歲，一定都能在這個奇妙的冒險中找到屬於自己的魔法。

091 奇瓦瓦太平洋鐵道

Chihuahua-Pacific Railway

國家：墨西哥
車站：奇瓦瓦市（Chihuahua）—洛斯莫奇斯（Los Mochis）

穿越銅峽谷的鐵路之旅

奇瓦瓦太平洋鐵道，簡稱「Chepe」，「Ch」是 Chihuahua，「P」是 Pacific（太平洋），表示它從墨西哥的奇瓦瓦市一路通往太平洋沿岸。這段路程以穿越銅峽谷（Copper Canyon）景觀而聞名。

銅峽谷是由數個大峽谷組成，該地區有豐富的銅礦資源，因得此名。它的面積比美國的大峽谷大且深，但比資歷，大峽谷的岩石年齡超過幾十億年，銅峽谷則是 20 到 40 萬年。

源頭來自高聳松樹林的河流，在山脈的火山岩中侵蝕出了一個長達 10,000 英里、陡峭的峽谷迷宮。這地區在夏季受到雷暴的滋潤下，呈現出一塊鋪滿綠意的天然調色板，春天點綴著落葉橡樹的紅黃色彩，而秋天則有野花田。搭乘這條鐵道，仿佛在峽谷中行走一樣，全長約 653 公里，列車不提供過夜服務，可在任一站停留後再繼續旅程。

迪維薩德羅（Divisadero）車站是整個路線的主要亮點。在這裡，可以站在觀景台上看到三個峽谷的交匯處；搭空中纜車，從高空俯瞰峽谷雄偉的景觀；體驗塔拉烏馬拉（Tarahumara）原住民生活。

2017 年，一位當地的女孩只穿一雙手工涼鞋，以 7 小時 03 分奪下 50 公里越野賽冠軍。實在很難想像住在遺世獨立世界的男孩女孩們，只有用舊輪胎橡膠製成的涼鞋，已征服了世界各地的超馬賽事。美國有位記者頻受腳痛之苦，他在聽聞史上最強長跑民族塔拉烏馬拉人的事蹟後，來這裡找尋跑步的真諦，在停留期間學習他們的跑法後，腳痛居然不治而癒，後而出版《天生就會跑》一書。

乘坐舒適的奇瓦瓦太平洋鐵道，不僅能觀賞到美麗的奇景，還有機會與當地居民互動，學習這些幾乎已快在地球上消失的原始跑步本能。

美洲

092 龍舌蘭列車

Tequila Express

> **國家**：墨西哥
> **車站**：瓜達拉哈拉市（Guadalajara）—龍舌蘭（Tequila）小鎮

世界上最奢華的龍舌蘭酒之旅

這不是傳說，是真實存在的旅遊體驗：龍舌蘭火車。這是墨西哥唯一的老式火車，專門展現龍舌蘭酒文化和製造過程而設計的旅遊行程。旅程始於瓜達拉哈拉，穿越美麗的田野和農村景觀，最終抵達以生產龍舌蘭酒而聞名的龍舌蘭小鎮。

龍舌蘭酒被視為墨西哥文化的象徵，根據墨西哥政府法規，只有在特定地區生產的酒才能被稱為龍舌蘭酒，其中最著名的生產區域是哈利斯科州（Jalisco），特別是該州的龍舌蘭小鎮。

這趟全球獨一無二的龍舌蘭酒火車，旅程大約兩小時，在這段時間裡，你不僅有機會品嚐到各式龍舌蘭酒，還能享受豐富多彩的娛樂活動，包括 Loteria（墨西哥賓果遊戲）和吃到道地的墨西哥小吃。到龍舌蘭小鎮後，你將有機會前往 Fábrica La Rojeña 龍舌蘭酒廠，這是拉丁美洲最古老的酒廠，由 Jose Cuervo 經營，擁有超過 250 年的歷史。在這裡，你可以深入了解龍舌蘭的製造過程並嘗試各式龍舌蘭酒。

Jose Cuervo® 是全球知名的龍舌蘭酒品牌，同時也是墨西哥最著名的龍舌蘭酒生產商之一。它的歷史始於 1758 年，當時由西班牙國王授予龍舌蘭種植的權利，使得 Jose Cuervo 成為世界上最古老的商業龍舌蘭酒生產商之一。

關於龍舌蘭酒的飲用方法，最經典且廣受歡迎的是「鹽與檸檬」方式，特別是在派對或社交場合中。飲用前在左手虎口處撒一點鹽，然後舔鹽、喝一口龍舌蘭酒，接著迅速吸吮一片檸檬或青檸。

此外，如果你想購買龍舌蘭酒帶回家，火車有提供將酒運送到酒店的貼心服務。

093 魔鬼之鼻

Nariz del Diablo (Devil's Nose)

國家：厄瓜多
車站：阿勞西（Alausi）—辛帕貝（Sibambe）

世界上最危險的鐵路？

位於南美洲西北部、赤道之上，擁有世界上最多樣化的自然景觀——海岸、高山、熱帶雨林、98 座火山的國家厄瓜多，有一條著名的鐵路線，叫做「魔鬼之鼻」。這段鐵路僅長 12.5 公里，卻在這短短的距離內升降

了 500 公尺。從工程角度來看，火車沿著陡峻的山坡蜿蜒行進時，會在彎道處轉向，以便繼續攀升或下降，這種克服陡峻坡度的設計形似「Z」字，至今仍被視為一項偉大的工程成就。

在 1895 年，有人提議建造這條鐵路，那時大家都認為這是人類難以征服的挑戰。主要在崇山峻嶺中穿越安地斯山脈並不容易，特別是這座山陡峭的岩壁幾乎垂直，而且有頻繁的地震、暴雨、野生動物的干擾、瘧疾等威脅。從空中看，它的形狀酷似一個隆起的鼻子，加上建設過程中，超過 2000 多人因事故和疾病喪生，付出相當大的代價，曾一度關閉，因而當地人稱為「魔鬼之鼻」。雖然之後進行了重建，現在的安全措施已大大提升，但這種獨特的乘車體驗仍然被許多人視為一種冒險。

從阿勞西出發，蜿蜒至辛帕貝的旅程，除了提供絕美的景觀，乘客有機會在辛帕貝車站，探索當地文化歷史和欣賞傳統藝術表演。

魔鬼之鼻因其獨特的地理位置、建造過程中的困難和運行中的挑戰，被認為是世界上最危險的鐵路路段之一。但它絕對是一項令人驚嘆的工程成就，一直深受全球旅行家和鐵道迷喜愛。

行駛於納里茲德爾迪亞布洛（NARIZ DEL DIABLO），
厄瓜多安地斯山脈中非常重要的旅遊景點之一

阿勞西車站

094 柯可巴杜山鐵道

Trem do Corcovado

國家：巴西

通往里約熱內盧基督像的火車

柯可巴杜山鐵道是里約熱內盧市區的一條觀光鐵路線，專門運送旅客到海拔 710 公尺的柯可巴杜山頂。這座山頂上座落著名的基督救世主雕像（Christ the Redeemer），是里約熱內盧和整個巴西國家的重要地標。雕像於 1931 年完工，高達 30 公尺，橫向伸展的手臂寬度約 28 公尺，底座高度約 8 公尺。

柯可巴杜山鐵道在 1884 年開通，比雕像更古老，許多名人曾乘坐過它，包括教宗約翰保羅二世、英國戴安娜王妃、美國總統歐巴馬等。最初，火車是以蒸汽動力運行，之後轉為電力驅動。在雕像完成後，柯可巴杜山鐵道成了旅客的重要交通工具。

每年超過數十萬人前來搭乘柯可巴杜山鐵道，這段約 20 分鐘的旅程，沿途可欣賞到里約市區繁忙的街道。爬升柯可巴杜山時，還能看到蔚藍的大海。從某些角度，可以遠眺到全球最有名的柯巴卡巴納海灘（Copacabana Beach）和美麗的海岸線。在晴朗的天氣裡，可以看到遠處的糖麵包山（Sugarloaf Mountain），這座山位於瓜納巴拉灣入口處，也是巴西著名的旅遊地標及景點，因山的形狀像巴西糖麵包而得此名。

里約熱內盧，簡稱里約，1808 年，歐洲葡萄牙王室和貴族因害怕拿破崙的侵略，逃亡到這裡，並就地升格為葡萄牙的首都。之後，巴西獨立，里約仍然是國家的首都，直到 1960 年，才遷入新首都巴西利亞。里約目前是巴西第二大城市，僅次於聖保羅。

總之，里約的城市活力、熱情和魅力一直以來都吸引著遊客。柯可巴杜山鐵道則是連接這座城市與世界遺產的一條重要通道，和展開雙臂象徵著擁抱、愛與和平的基督像一樣，慈愛和包容的歡迎來自全世界各地人們的到來。

美洲

095 瑪麗亞富馬卡蒸汽火車

Maria Fumaça

國家：巴西
車站：格拉馬多（Gramado）—卡洛斯・巴爾博薩（Carlos Barbosa）

在巴西的義大利品酒之旅

「Maria Fumaça」是巴西葡萄牙語中的一個俚語，直譯為「吸煙的瑪麗亞」或「冒煙的瑪麗亞」，因為這些火車在運行時會釋放出大量的蒸汽和煙霧。它建立於 20 世紀初，約在 1978 年轉型為「葡萄酒觀光列車」。原因是這條路線起點格拉馬多的氣候和土壤非常適合葡萄的生長，因此有很多的葡萄園及酒廠。

在 19 世紀末，大批義大利人移民到這裡，他們將自己的音樂、藝術文化、語言、飲食和習俗帶到了新土地，並在周邊地區，如本圖貢薩爾維斯（Bento Gonçalves）和卡里巴地（Garibaldi）等城市開始種植葡萄，因而發展出葡萄酒產業。來到這裡的外國遊客，有時會有錯覺，以為身在歐洲而非巴西。

這趟列車整個旅程全長約 23 公里，大約需要 1 小時 30 分鐘。沿途有三個火車站是由義大利移民建造，旅程中可以明顯感受到濃厚的義大利文化和風格。例如在本圖貢薩爾維斯的月台上，可以品嚐到紅葡萄酒，然後在卡里巴地停留時，可以品嚐到莫斯卡托氣泡酒。另外，在某些路線上還會提供現場音樂、傳統美食和節慶活動。

對於巴西的食物，有些人對咖啡的印象非常好，但不僅於此，現在你應該發現了，原來巴西葡萄業裡融合了義大利的釀酒技術。所以喝過義大利莫斯卡托（Moscato）氣泡酒的人，一定也要品嚐同一品種的巴西氣泡酒。在此推薦這款「Espumante Garibaldi Moscatel Rosé」粉紅公主氣泡酒，它的顏色呈淺玫瑰色調，花香氣強烈，帶點微妙細膩的焦糖蘋果味。

Muscat（英文）和 Moscato（義大利）、Moscatel（西班牙和葡萄牙文）是同一個葡萄酒家族品種。搭乘吸煙的瑪麗亞火車時，要記得切換成葡萄牙語哦！

美洲

096 全景列車

Vistadome

提供全景視窗的馬丘比丘列車

不想早起或是在火車上過夜，又想體驗秘魯鐵路旅行的人，非常適合搭乘全景列車，時間和地點選擇性多，可依自己的行程而定，四個出發點的終點站都是馬丘比丘（Machu Picchu），各行程的搭乘時間：

- 庫斯科（Cusco）的聖佩德羅德車站（SanPedro）：3 小時 50 分鐘
- 庫斯科的波羅伊車站（Poroy）：3 小時 30 分鐘
- 奧揚泰坦博車站（Ollantaytambo）：1 小時 30 分鐘
- 烏魯班巴車站（Urubamba）：2 小時 30 分鐘

車如其名的全景列車，每個車廂二側和頂部的透明大面積車窗，像一扇巨大的畫框，將美景完美地收進來，讓人沉浸在高解晰度的大自然之中，完全忘記了時間和空間的束縛，這種設計用極大化的方式增加人與自然的連結。

全景車讓我們能夠身臨其境，車廂內的設施也非常舒適，列車上提供了音樂娛樂、文化表演，以及小點心和非酒精飲料，並介紹沿途的景觀，講述古老印加文明的歷史和當地傳說的故事。在從馬丘比丘返回的旅途中，還可以欣賞到傳統的印第安舞蹈等表演。

列車經過的景點眾多且各具特色，其中最亮眼的是烏魯班峽谷（The canyon of Urubamba River）。這裡被綠意盎然的山脈所環繞，烏魯班巴河靜靜流淌其間，呈現出獨特的景色。當你坐在移動的列車上，看著窗外的水流時，仿佛與它一起同行前往。峽谷內分布著許多古老的印加遺址和定居點，到現在還保留著傳統的農業，種植馬鈴薯、玉米和藜麥等，這些農作物在印加文化中占有相當重要的地位。還有森林、濕地、農田和草原等多樣豐富的生態景觀。

全景列車提供了一個 360 度的視覺體驗，讓你能夠沿途欣賞印加城市的美景，更重要的是，這趟旅程深化了你與這座古老城市的親密關係。

美洲

烏魯班峽谷

097 希拉姆・賓漢號

Hiram Bingham

> **國家**：秘魯
> **車站**：波羅伊（Poroy）─熱水鎮（Aguas Calientes）

通往馬丘比丘的奢華列車

有些人可能認為到馬丘比丘要像冒險家一樣進行長途跋涉，或者在印加帝國的遺跡中徒步幾天。其實，你可以選擇奢華鐵路旅行的方式。以 20 世紀初的美國探險家 Hiram Bingham III 名字為名的希拉姆・賓漢號列車，就是其中的一個選擇。當時馬丘比丘並不是一個沒人知的地方，之前早已有其他探險家到訪過，但他的研究工作使這裡變得全球聞名，從而成為一個重要的考古遺址和旅遊勝地。

1999 年，一位英國企業家取得秘魯鐵路（PeruRail）線路的經營權後，他意識到乘坐早班火車，在當天晚上筋疲力盡地返回，實在不太適合。於是決定提供更舒適的選擇：讓旅客們上午輕鬆出發，並在豪華列車上享用午餐，下午參觀遺址，然後在返回途中享受晚餐和美酒。在 2019 年時，被酩悅軒尼詩──路易威登集團（LVMH）收購，這個奢華的旅行就變得更加奢華。

火車通常會從在庫斯科附近的波羅伊站起點出發，在登上火車前，你可以待在專為此列車乘客設計的休息室中享受熱情接待，暢飲香檳以及觀賞傳統舞蹈表演。

列車穿過安地斯山脈的壯麗景色，經過印加聖谷（Valle Sagrado）。在列車餐車裡，你可以享受到秘魯和國際美食，還有喝到世界知名的皮斯可酸酒（Pisco Sour），這是一款由秘魯國酒皮斯可、檸檬汁、蛋白和果糖糖漿調製的清新飲料。同時，可從觀景窗享受窗外的景色。

終點站是位於馬丘比丘附近的熱水鎮，整個旅程約需 3.5 到 4 小時。從這裡開始，你將步入一座原始而神祕的城市──世界遺產馬丘比丘遺址，相信它一定能為你提供另一段難忘的探險旅程。

皮斯可酸酒，為秘魯國飲，
是口感層次豐富的雞尾酒

098 探險號豪華火車

Andean Explorer

> **國家**：秘魯
> **車站**：提供多種行程，站點有庫斯科（Cusco）、普諾（Puno）、阿雷基帕（Arequipa）

探索安地斯山脈的冒險之路

　　探險號豪華火車是結合白天旅遊與夜間住宿的豪華列車。在這趟旅程中可以選擇一日或二日的行程，深入探索自然奇觀和豐富的古代歷史遺跡。列車穿越秘魯壯麗的安地斯山脈，帶領旅客前往世界最高可航行的高山湖泊的的喀喀湖（Lake Titicaca）、白色火山岩石建造的城市阿雷基帕。

　　旅程中，探索由蘆葦草編織而成的烏羅斯浮島（Uros Floating Islands），了解人類如何利用自然資源，創造出實用又與環境和諧共存的居住環境。體驗多元文化和民族特色的拉那雅（La Raya），以及探訪蘇姆拜洞穴（Sumbay Cave），這裡保存著珍貴的史前時代人類生活、狩獵、祭祀等壁畫，生動地記錄了古人的生活。

　　探險號的內部裝飾豪華而舒適，融合了秘魯傳統風格與現代舒適元素。內部裝飾以手織布料和柔軟材質為主，讓你在欣賞美麗景觀的同時享受舒服的休息空間。而即使在海拔 2,000 公尺高的地方，也能在豪華的私人淋浴設施中享受奢華的沐浴。列車設有餐車和觀景車廂，還有一輛提供各種按摩和放鬆療程的 SPA 車廂。

　　在餐車車廂，你可以享用到由專業廚師精心準備的當地美食，這些美食使用的是安地斯山區的新鮮食材。在觀景車廂，可以一邊品味美酒，一邊欣賞窗外的壯麗山川。

　　探險號完美結合了探索秘魯豐富文化和自然景觀，以及享受高端服務和舒適體驗的全方位旅程，讓人們可以在移動中盡情享受奢華和寧靜。這趟旅程無疑是一生中必體驗的精彩路線。

美洲

背著可愛嬰兒的原住民克丘亞（Quechua people）
母親，穿著色彩繽紛的傳統手工服裝

099 的的喀喀湖號

Perurail Lake Titicaca Railway

> **國家**：秘魯
> **車站**：庫斯科（Cusco）—普諾（Puno）

通往世界上海拔最高可通航湖泊

　　的的喀喀湖號連接秘魯的兩個主要旅遊景點：一個是歷史悠久有豐富印加遺產和以西班牙殖民建築聞名的庫斯科市，位於海拔 3400 公尺的完美出發點。另一個是南美洲最大湖泊——的的喀喀湖畔附近的普諾市。

　　列車車廂裝飾華麗，設計仿照 1920 年代的風格，提供了舒適的旅行環境，並設有全景景觀車廂，讓你盡情欣賞沿途的自然景觀。提供高品質的餐飲服務和精緻的下午茶，旅程中還有現場音樂表演。旅程的亮點是火車會在特定景點停靠，這些停靠點都是經過精心挑選的秘魯文化和歷史精華之地，從印加時期的遺址到充滿活力的當地市集，讓旅客有機會下車探索和拍照。你將在欣賞美景、品味美食的同時，深刻體驗安地斯山脈的自然美和秘魯的傳統藝術。

　　當時的鐵路建設工作由當地庫斯科工人完成。建成後，舉行了一場「Pago a la Tierra」慶典——這是一種傳統的安地斯儀式，意為「向大地之母致敬」祈求祝福這列火車。該儀式由一位當地薩滿主持，包含了許多傳統的儀式。

　　整個 338 公里的旅程約需要約 10 個多小時，給予了旅客足夠的時間來體驗美景和文化之中。火車通常在白天運行，目的是讓你在光線充足下好好享受這段旅程。

　　隨著列車穿過安地斯山脈的心臟地帶，你會感受到時間似乎放慢了腳步，終於有機會真正地放鬆、呼吸和欣賞這個世界的美好。而當你最終抵達普諾，站在的的喀喀湖那湛藍清澈的水面前時，你會發現這一切都是值得的。

美洲

的的喀喀湖上的船

100 火地島南端鐵道

Tren del Fin del Mundo

> **國家：**阿根廷
> **車站：**世界盡頭站（Estación del Fin del Mundo）─國家公園站
> （EstacióstParque Nacional）

通往世界盡頭的火車

火地島位於南美洲的最南端，接近南極圈地區，主要城市烏斯懷亞（Ushuaia）是世界上最南端的城市，也稱為「世界盡頭」。如果你想知道世界盡頭長什麼樣子，快來這裡體驗看看。

火地島南端鐵道是阿根廷最南端的鐵路線，從世界盡頭火車站出發，沿著 100 年多前運送監獄囚犯和建築木材等的路線運行，因此也被稱為「囚犯列車」。

19 世紀末，阿根廷政府在這裡建立了一座監獄，為了監獄的建設和日常維護，特別是供暖和燃料需求，政府決定建造一條鐵路線，這就是囚犯列車的起源。他們派遣囚犯到山區，利用這條鐵路採集木材等材料。囚犯列車在 1909 年開始營運，直到 1952 年結束。在 1994 年重新修復，重新命名為「世界盡頭火車」。

如今在舊有的監獄處改為監獄博物館，其中詳細介紹了囚犯的生活條件、監獄的歷史，以及囚犯建設鐵路上的貢獻。除此之外，還展出有關該地區的海事歷史、原住民文化以及烏斯懷亞的開發歷程。

火車本身保留了原始的風貌，行駛速度不快，讓你有更多的時間觀賞自然美景，它穿越塔羅溪谷（Cañada del Toro）、皮波河（Pipo River）。第一個中途站馬卡雷娜瀑布站有一個觀景台，在這裡可以欣賞到皮波河谷的壯麗景色，還能觀看到馬卡雷娜瀑布（Estación Cascada La Macarena）的源頭。在車上，你可以聽到專家解說囚犯們的故事，還有早期居民的生活方式等。

終點站位於火地國家公園的入口附近，是探索火地國家公園景色的起點。這個公園擁有豐富的自然景觀，包括森林、湖泊和山脈，是健行和觀賞野生動植物的絕佳之處。

美洲

監獄博物館

101 雲端火車
Tren a las Nubes

國家：阿根廷
車站：薩爾塔（Salta）—波爾沃里利亞高架橋（Viaducto La Polvorilla）

阿根廷的高海拔列車之旅

「雲端火車」這個名稱來自於該列車行經高架橋這一段，位於高海拔地區，常出現雲霧繚繞的景象，使乘客有種仿佛在雲端之上的感覺，因此被稱為「通往雲端的火車」。鐵路工程在 1921 年開始，1948 年完工，它成功克服了諸如急劇的高度變化和地形限制等重大工程挑戰。這個獨特的景觀吸引不少攝影師和紀錄片製作人前來拍攝，使得雲端火車更加有名。

搭乘之前，建議先準備好二件事：首先，上車後儘快找到左側的靠窗座位，這裡是觀賞高架橋的最佳位置。第二件事是備好一隻優質的自拍棒，以隨時準備將自拍棒伸至出窗外拍攝。

準備好了就上車出發囉！沿途的小城聖安東尼奧（San Antonio de los Cobres）位於安地斯山脈海拔 3,775 公尺，氣候乾燥，早晚溫差大，從零下到 25 度之間，所以要注意高山症。在此站停留期間，可以買一些當地的工藝品，與羊駝散個步，拍個照。

隨著火車往目的地行駛，穿越安地斯山脈、萊馬谷（Valle de Lerma）和托羅峽谷（Quebrada del Toro），將經過 29 座橋、21 個隧道及 13 座高架橋。沿途觀看壯觀的山脈、高原、小鎮、古老的礦山和鹽田和文化古蹟。許多乘客發現這一路很難把相機放下來，因為每個轉角不斷出現新的、令人驚豔的景色。

最後，你將抵達終點站波爾沃里利亞高架橋，這是整個旅程的最大亮點，位於海拔 4,220 公尺的高架橋是一項宏偉的工程成就，橋高 64 公尺，長 224 公尺，橫跨一個深峽谷。

有想要搭乘往雲端火車的朋友，務必要提前適應高山環境。還有，因高山氣候不穩定，建議提前訂票及規劃好行程，確保旅程順利。

美洲

從下往上看波爾沃里利亞高架橋

加入晨星
即享『 **50 元 購書優惠券**』

回函範例

您的姓名：   晨小星

您購買的書是：   貓戰士

性別：   ●男   ○女   ○其他

生日：   1990/1/25

E-Mail：   ilovebooks@morning.com.tw

電話／手機：   09××-×××-×××

聯絡地址：   台中　市   西屯　區

工業區 30 路 1 號

您喜歡：   ●文學 / 小說   ●社科 / 史哲   ●設計 / 生活雜藝   ○財經 / 商管
（可複選）   ●心理 / 勵志   ○宗教 / 命理   ○科普   ○自然   ●寵物

心得分享：   我非常欣賞主角…

本書帶給我的…

"誠摯期待與您在下一本書相遇，讓我們一起在閱讀中尋找樂趣吧！"

國家圖書館出版品預行編目（CIP）資料

全球經典101條鐵道路線：在火車移動中體驗跨國
　跨洲、高山海洋、極光草原、古城藝術的多元
　風景之旅／鐵道生活編輯部作. -- 初版. -- 臺中
　市：晨星, 2024.08
　216面；16×22.5公分. --（看懂一本通；22）
　ISBN 978-626-320-867-4（平裝）

1.CST：火車旅行　2.CST：世界地理

719　　　　　　　　　　　　　　　113007572

看懂一本通 022

全球經典101條鐵道路線

在火車移動中體驗跨國跨洲、高山海洋、
極光草原、古城藝術的多元風景之旅

作者	鐵道生活編輯部
編輯	余順琪
校對	余思慧、林吟築
封面設計	初雨有限公司
美術編輯	林姿秀
創辦人	陳銘民
發行所	晨星出版有限公司
	407台中市西屯區工業30路1號1樓
	TEL：04-23595820　FAX：04-23550581
	E-mail：service-taipei@morningstar.com.tw
	http://star.morningstar.com.tw
	行政院新聞局局版台業字第2500號
法律顧問	陳思成律師
初版	西元2024年08月01日
讀者服務專線	TEL：02-23672044／04-23595819#212
讀者傳真專線	FAX：02-23635741／04-23595493
讀者專用信箱	service@morningstar.com.tw
網路書店	http://www.morningstar.com.tw
郵政劃撥	15060393（知己圖書股份有限公司）
印刷	上好印刷股份有限公司

定價 350 元

（如書籍有缺頁或破損，請寄回更換）

ISBN：978-626-320-867-4

圖片來源：shutterstock.com

Published by Morning Star Publishing Inc.
Printed in Taiwan

| 最新、最快、最實用的第一手資訊都在這裡 |